Venezuela Petrolera:
El Asentamiento en el Oriente
(1938-1958)

Por:

Sebastián Navarro Rodríguez

Compre este libro en línea visitando www.traff ord.com
o por correo electrónico escribiendo a orders@traff ord.com

La gran mayoría de los títulos de Traff ord Publishing también están
disponibles en las principales tiendas de libros en línea.

Impreso en Estados Unidos.

ISBN: 978-1-4269-2959-5 (sc)

ISBN: 978-1-4269-2960-1 (e)

Library of Congress Control Number: 2010903170

Trafford rev. 10/29/2011

 www.traff ord.com/4501
Para Norteamérica y el mundo entero
llamadas sin cargo: 1 888 232 4444 (USA & Canadá)
teléfono: 250 383 6864 fax: 812 355 4082
correo electrónico: info@traff ord.com

A mi abuelo, Rafael Rodríguez, cuya inteligencia y capacidad, sumadas a las de otros tantos miles, contribuyeron al desarrollo de la industria petrolera venezolana.

A mi padre, José Antonio Navarro Ochoa, estudioso antropólogo cuya formación académica en la UNAM, Cornell University y la UCV, le condujo a entregarse al quehacer cultural de su país.

A mi madre, Iraida, por su ejemplo, por sus esfuerzos.

A Gustavo Coronel, ejemplo de honestidad y capacidad, una vida de trabajo tangible procurando una Venezuela mejor.

Reconocimientos:

A la Fundación William J. Clinton, por permitirme viajar e investigar en la Universidad de Texas en Austin, y a las Universidades de Indiana en Bloomington y Purdue en West Lafayette.

A María Andreyna Navarro, *PostDoctoral Associate* de la *U.M.*

A Randy Trahan, a Jesús Antonio Montoya, a Isabel, Guadalupe y Maritza Rodríguez, y a toda mi familia en Anzoátegui y Bolívar, Venezuela.

"Venezuela no fue hecha solo por héroes y batallas, por políticos y transacciones económicas. Muchos de sus protagonistas se dedicaron a las faenas el espíritu, hasta el punto de construir un patrimonio enaltecedor".

José Antonio Navarro Ochoa, 1996

TABLA DE CONTENIDOS.

CAPÍTULO II

PRÓLOGO

Los científicos del siglo XIX, a lo Humboldt, eran integrales por necesidad. Trabajaban esencialmente solos o, a lo sumo, con un acompañante, con quien podían conversar sobre sus hallazgos. Uno se imagina a Humboldt viajando por nuestras tierras, escribiendo observaciones que luego plasmaría en su obra monumental "Viaje a las Regiones Equinocciales del Nuevo Continente". Para ello debió escalar montañas, navegar caudalosos ríos, caminar incesantemente por nuestra geografía. Sus observaciones fueron de todo orden: geológicas, mineralógicas, botánicas, zoológicas, sociológicas, climáticas. El naturalista del siglo XIX debía ser un hombre-orquesta. Hoy en día el científico trabaja en equipo y ya es raro ver, por ejemplo, algún trabajo geológico elaborado por un solo autor. Generalmente el trabajo es el resultado de un grupo de especialistas, cada quien, aportando un estrecho segmento del conocimiento, eso sí, en profundidad.

En la Venezuela de hoy la tarea que se le impone al historiador es un poco como la tarea de aquellos grandes naturalistas del Siglo XIX. Ello es así porque Venezuela es un país cuya historia aún no ha sido suficientemente contada. Como observadores de la realidad nacional tenemos la impresión que muchos de nuestros compatriotas viven en un presente eterno, sin saber de dónde han venido y, más triste aún, sin saber hacia dónde se dirigen. Pareciera que la tradición oral es la que aún prevalece en nuestro país, por sobre la historia escrita. Ello es así porque nuestros hombres públicos, aquellos quienes han tenido una influencia importante sobre los acontecimientos en nuestro país, raramente han escrito sus memorias, sus experiencias. Como resultado, Venezuela es un país que siempre pareciera estar comenzando de nuevo desde cero. Los venezolanos poseemos un débil sentido de nuestra historia y, por lo consiguiente, un también débil sentido de nuestra identidad nacional. No es que Venezuela no tenga historia sino que ha carecido, hasta ahora, de suficientes historiadores, de una suficiente tradición escrita.

El petróleo no es la excepción de esta regla sino, probablemente, su mejor exponente. Para ser un país que ha vivido del petróleo durante casi un siglo, los venezolanos mostramos un alto nivel de desconocimiento sobre esta fuente de energía y sobre la interacción que ha existido entre la explotación petrolera y la sociedad venezolana. Los ensayos sobre petróleo disponibles en la literatura han estado casi todos saturados de prejuicios ideológicos, como es el caso de las obras de Rodolfo Quintero y Salvador de la Plaza, para mencionar apenas dos de nuestros más conocidos ensayistas sobre petróleo desde una perspectiva marxista. Salvador de la Plaza, en sus escritos, diría que los geólogos que acompañaron a Ralph Arnold en su maravillosa gesta exploratoria entre 1912 y 1914 habían sido paseados "en hamacas por todo el país, como visires orientales". Rodolfo Quintero añadiría que estos geólogos habían "destruido nuestras culturas indígenas" y solo habían llegado para "colonizar a los atrasados venezolanos". Por su parte los novelistas del petróleo, desde Ramón Diaz Sánchez hasta Miguel Otero Silva, escribieron sobre la industria petrolera desde afuera, sin llegar a conocerla internamente y sin evaluar objetivamente los aportes que esta industria hiciera al país, no solo desde el punto de vista puramente económico sino en lo sociológico y en lo cultural.

Este trabajo de Sebastián Rafael Navarro Rodríguez llega, en más de un sentido, a llenar parte de ese inmenso vacío en nuestra historia del último siglo. Como un naturalista integral, este joven historiador acomete un examen de los aspectos geológicos, climáticos, de desarrollo urbano, sociológicos y culturales de la sociedad venezolana de la primera mitad del siglo XX, en las zonas del Oriente venezolano que recibieron directamente el influjo del petróleo. En especial, Navarro Rodríguez describe, con admirable lujo de detalles, el nacimiento y evolución de poblados como Caripito, en los cuales se comenzó a implantar un estilo de vida híbrido, venezolano-extranjero, que inevitablemente influyó en la manera de ser de los venezolanos quienes allí vivieron y en sus costumbres y actitudes sociales, todo lo cual sería heredado por sucesivas generaciones con un impacto multiplicador muy importante.

Los procesos de urbanización llevados a cabo por las empresas estadounidenses y europeas en las áreas petroleras promovieron una verdadera revolución cultural en Venezuela. La orientación del poblado o campamento, la aparición en el medio rural del agua corriente, la escuela, la distribución espacial de oficinas y viviendas, las casas de los empleados y trabajadores, todo ello obedecía en esos poblados a una planificación que era relativamente nueva en la Venezuela de la primera mitad del siglo XX. Estos elementos y su significado sociológico son debidamente explicados, casi por primera vez, en esta extraordinaria obra de Navarro Rodríguez, ayudado de mapas y maravillosas fotos.

Dos de las características importantes de estos primeros asentamientos petroleros en el medio rural fueron la disciplina comunitaria y la democracia. La disciplina comunitaria, porque todo estaba debidamente organizado y existieron reglas del juego desde el primer momento, de manera que cada habitante del lugar sabía cuáles eran sus derechos y sus deberes. Democracia, porque todos los habitantes tenían acceso, por igual, a los servicios comunes y cada quien sabía que tendría una similar oportunidad de ascender en la escala social. Los estereotipos de la novela petrolera venezolana sobre discriminación racial o de clases en el sector petrolero han sido frecuentemente el producto de prejuicios basados en una tradición izquierdista entre nuestros intelectuales, la cual tuvo mucho que ver con su aproximación al marxismo en los años de lucha contra la dictadura gomecista.

La creación de los poblados o campamentos petroleros trajo, como efecto colateral importantísimo, la promoción de métodos agrícolas modernos y de una ganadería más productiva que la existente hasta ese momento en esas regiones del país. La introducción y uso sistemático de medicinas anti-maláricas representó un gran avance para la salud de los habitantes y un ejemplo que fue seguido por el gobierno, en buena hora, para crear un sistema nacional de salud. No por accidente los primeros sanitaristas venezolanos, tales como Enrique Guillermo Tejera y Leopoldo García Maldonado, fueron médicos de las empresas petroleras en sus primeras etapas de desarrollo profesional. García Maldonado, por ejemplo, fue pionero en la construcción sobre pilotes de las casas de los campamentos petroleros, sistema que permitía aislar la vivienda de los charcos de agua donde se criaban los mosquitos portadores del paludismo.

El entrenamiento eminentemente práctico en tareas de perforación de pozos y de producción petrolera hizo posible el ascenso de jóvenes de la región a tareas cada vez más especializadas, promoviéndose un elemento meritocrático en la vida del venezolano que contrastó con el tratamiento paternalista que había sido el predominante en el país por parte de los sectores poderosos hacia las clases populares. Como apunta el autor Navarro Rodríguez: "No existían los manuales ni los cursos sofisticados. El aprendizaje era absolutamente empírico, trabajando y produciendo. Los supervisores y capataces era gente de amplia experiencia, oriundos, entre otros estados de los Estados Unidos de América, de Texas, Oklahoma y Louisiana".

Los métodos de construcción produjeron, de igual manera, un cambio profundo en la manera de vivir del venezolano. El autor apunta: "La introducción de los techos de zinc, usados en vez de la palma, fue otro de los cambios en las técnicas de construcción que vinieron con la empresa Standard Oil de Venezuela a la región. Se observa, en la construcción de los techos de las casas, una elevación "en V" para disipar el calor producto de la luz solar y permitir el drenaje del agua de la lluvia a los costados. Son las primeras manifestaciones de una nueva manera de construir, nuevas técnicas que venían de toda la experiencia de construcción de la Standard Oil, que entrenó a los obreros usando los nuevos materiales para edificar su propia infraestructura en la región".

Son innumerables los aspectos de la vida del venezolano que fueron modificados, en su mayoría positivamente, por la aparición del campamento petrolero, luego convertido en poblado abierto y totalmente integrado al resto de la comunidad. El ejemplo de una manera mejor de vivir constituyó uno de los aportes más positivos de las empresas foráneas en el desarrollo de la sociedad rural y semi-rural venezolana del siglo XX.

Estos son algunos de los elementos del majestuoso cuadro que nos pinta el historiador Navarro Rodríguez en esta interesantísima y original obra. Su estudio abre una senda enteramente nueva para el análisis de la sociedad venezolana, la cual bien pudiéramos llamar una sociología del petróleo. No ya sobre bases ideológicas, en intentos de ajustar la realidad a conclusiones pre-concebidas, sino como herramienta científica para iluminar lo que ha sido hasta ahora una historia envuelta en la penumbra y en los prejuicios.

Me siento realmente orgulloso de presentarles esta magnífica obra.

Gustavo Coronel.

Geólogo petrolero (University of Tulsa)—Politólogo (Johns Hopkins University)—Investigador Asociado, Harvard University.

Introducción

La Cuenca Oriental de Venezuela, con sus dos subcuencas, la de Guárico, al oeste, y la de Maturín, al este, conforma un territorio de 138.600 km², situados a lo largo de la ribera norte del río Orinoco. Esta cuenca se extiende desde el sur del estado Guárico hasta los estados Anzoátegui, Monagas y Delta Amacuro.

Los inicios de la industria petrolera en el Oriente venezolano, apreciados gracias mapas, fotografías, grabados y otras fuentes de archivo de la época, son el foco central de esta investigación. Las líneas que siguen aspiro sean vistas como una invitación a considerar al tema de la historia petrolera de Venezuela como un componente ineludible de nuestra identidad nacional. Gracias al advenimiento de su industria petrolera, durante buena parte del siglo XX, con los brazos abiertos este gran país recibió e hizo suya a una ingente cantidad de personas—en su enorme mayoría buena, trabajadora y decente—, en tiempos duros y difíciles para la humanidad.

Este libro pretende también ayudar a hacer frente a tantos prejuicios que se resumen en el mensaje que por años se ha repetido al venezolano: los de "allá" son los malos y no dejaron absolutamente nada al país, y los de "acá" son los buenos.

Los comienzos de la industria petrolera nacional están marcados por una dictadura de enorme significado para comprender nuestra historia contemporánea. A partir de 1908 hasta 1935, Juan Vicente Gómez y sus adláteres gobernaron con mano de hierro. Su ejército fue implacable.

Después de la muerte de Gómez, la sociedad venezolana fue testigo de repetidos intentos por instaurar una democracia que estimulara la consolidación de los derechos ciudadanos e invirtiera con probidad los recursos fiscales para sacar adelante la economía del país. Los apetitos por el poder y la intriga militar los llevarían a pique.

En paralelo, durante esos años, la eclosión de regímenes totalitarios, encabezados por partidos cuyo objetivo fue la sumisión absoluta, acabó el sueño de vivir en paz y libertad de millones. Redujeron cualquier expresión de disentimiento y el menor atisbo de crítica fue inaceptable. El saldo en número de víctimas de estas ideologías debe ser recordado para que la humanidad no permita que algo así suceda jamás.

Antes del fin del siglo cayeron dos de las más poderosas potencias totalitarias. La República Democrática Alemana dejó de existir el 10 de noviembre de 1989. Esta porción de territorio alemán, gobernada por un macabro sistema policial, estuvo tras una pared que dividió la ciudad de Berlín. Su apagado color grisáceo fue el último que miraron, tratando de traspasarla en busca de la libertad, aún no se sabe exactamente cuántos fallecidos.

El final de la Segunda Guerra Mundial determinó la división de Alemania. La decadencia de la República de Weimar (1918-1933), produjo el ascenso al poder del delirio incalificable de Adolfo Hitler, que con su discurso irracional llegó a gobernar doce años más, hasta su muerte, en 1945. Arrastró a su país al abismo.

A continuación, la República Federal Alemana (*West Germany*), con la contribución del mundo libre, en especial de los Estados Unidos de América y de las políticas monetarias adoptadas por Ludwig Erhard, alcanzó un notable desarrollo socioeconómico.

En cambio, la República Democrática Alemana fracasó estrepitosamente, y sus ciudadanos, presos tras la cortina de hierro, privados de paz, progreso y libertad, finalmente pudieron obtenerla al reunificarse con su *"counterpart"*.

En diciembre de 1991 se vino abajo una segunda potencia totalitaria del siglo XX, sumida en la inviabilidad de un sistema justificable solo para una mente como la de una de sus figuras políticas más representativas, Iósif Stalin.

La disolución de la Unión Soviética, formada en diciembre de 1922, arrojó como saldo la desaparición de millones de seres humanos. De las miles de órdenes de Stalin, caracterizadas por su actuación degenerada al amparo del culto a la personalidad y de la siembra del odio a través de su discurso lamentable, ninguna es más abominable que el genocidio de los Kulaks, los agricultores y campesinos ucranianos, mediante el Holodomor (hambruna) de 1932 y 1933. Esto, sin dejar de lado a los Gulag, los centros de detención donde confinó a unos 18 millones de hombres, mujeres y niños.

Mientras ese dramático escenario tenía lugar, Venezuela fue un destino apetecido por millones de personas que ansiaban escapar de la devastación. Aún cuando el país no estuvo exento de convulsión, para muchos, en particular para una buena cantidad de trabajadores y honestos emigrantes europeos, era una tierra de esperanza.

En lo político, a la muerte del dictador Juan Vicente Gómez, luego de 27 años de gobierno (1908-1935), asumió la presidencia de la República el general Eleazar López Contreras (1935-1941). Tras cinco años de incipientes reformas, algunas de ellas esbozadas en el llamado "Plan de Febrero", el general Isaías Medina Angarita (1941-1945) inauguró a continuación un gobierno tolerante, de reconocida amplitud. Esto, debe reconocérsele pues pese a que perteneció a la llamada oficialidad "gomecista", Medina fue tolerante con las diversas voces de aquella Venezuela.

Era natural que Medina Angarita caminara por el centro de Caracas. Su mayor temor durante esos paseos no iba más allá de que una repentina lluvia cayera y lo obligara a guarecerse bajo el techo de alguna tienda o pequeño establecimiento de comida.

Un golpe de Estado, liderado por el partido Acción Democrática, cuya cabeza más visible era el político Rómulo Betancourt, y por un sector de jóvenes oficiales de las Fuerzas Armadas, cada vez más ávido de poder, impidió que el general Medina finalizara su mandato constitucional.

Poco antes, una candidatura de consenso, que contó con el respaldo por diversos sectores, conscientes de que implementaría las reformas políticas y sociales que el país aspiraba y necesitaba, se vio frustrada por un giro del destino. El Dr. Diógenes Escalante, un brillante diplomático andino, no pudo asumir su cargo como Presidente.

En sustitución, Ángel Biaggini fue designado candidato por el partido de Medina Angarita. Acción Democrática se opuso a esa candidatura. Exigió entonces una modificación a la Constitución para que la elección del Presidente se hiciera a través del voto directo de los venezolanos, en vez de que el Congreso decidiera la cuestión. Esta propuesta fue descartada por Medina Angarita.

Los hechos se precipitaron. Por una delación, el gobierno apresó a Marcos Pérez Jiménez, elemento clave de la conspiración. De acuerdo a los planes, si antes de la fecha prevista para el golpe de Estado alguno de sus líderes era detenido, el resto debía llevarlo a cabo de inmediato. Eso fue lo que pasó el 18 de octubre de 1945.

Medina Angarita prefirió evitarle a Venezuela el trauma de una guerra civil y se rindió. Existe un consenso favorable acerca de su gestión por los numerosos puentes de diálogo que ayudó a tender. Es muy importante valorar eso apenas diez años después de la muerte de Juan Vicente Gómez.

La joven casta militar conspiradora, diferenciada de la que se formó bajo el gomecismo, dejó entrever que acompañaba la idea de impulsar los cambios que asegurarían que la elección de un nuevo gobierno sería expresión de la decisión mayoritaria de los venezolanos. El 14 de diciembre de 1947, el egregio escritor Rómulo Gallegos resultó ganador de las primeras elecciones que contemplaron el voto directo, universal y secreto en Venezuela.

Pero, esos mismos militares que derrocaron a Medina tres años antes, desalojaron del poder al presidente Gallegos el 24 de noviembre de 1948. Después de la caída del gobierno constitucional, se instalaron dos Juntas de Gobierno provisionales.

A Carlos Delgado Chalbaud, jefe militar que en no pocas ocasiones aseguró a Gallegos su apego a la Constitución, correspondió la presidencia de la primera Junta. Dos años después, esa corporación naufragó a causa del todavía hoy extraño asesinato de aquel intrigante militar. En un drama que recuerda a los de los Borgia, el presidente de la Junta fue secuestrado por Rafael Simón Urbina López. Ambos dejaron de existir el 13 de noviembre de 1950.

Germán Suárez Flamerich, hasta entonces embajador en Perú, presidió la nueva Junta de Gobierno que se instauró a continuación del único magnicidio del siglo XX venezolano. Dos años después, la voluntad de los electores del país fue desconocida en las elecciones que para una Asamblea Nacional Constituyente se convocaron el 30 de noviembre de 1952.

El 2 de diciembre, el influyente Marcos Pérez Jiménez fue designado por las Fuerzas Armadas como presidente de la República. Los representantes Jóvito Villalba, Mario Briceño Iragorri, Humberto Bártoli, Luis Hernández Solís, Raúl Díaz Legórburu, Ramón Tenorio Sifontes, Víctor Rafaelli y J.A. Medina Sánchez, del partido Unión Republicana Democrática, triunfante en aquellas elecciones, fueron exiliados a Panamá.

Unión Republicana Democrática, un partido fundado en diciembre de 1945, estuvo compuesto por disidentes de Acción Democrática, entre los que destacan los médicos Elías Toro e Isaac J. Pardo. También, Inocente Palacios, Jóvito Villalba y un buen número de afectos al partido del general Isaías Medina Angarita, se contaban entre sus miembros.

Vicente Grisanti, a la cabeza del órgano electoral, se negó a cohonestar la trampa y prefirió el exilio. En las filas del llamado Frente Electoral Independiente, favorable al régimen, destaca el nombre de Juan Saturno Canelón, desterrado por oponerse al oprobio del fraude.

Pérez Jiménez encabezó una represiva dictadura. La bonanza que le correspondió administrar fue en gran medida determinada por los ingresos petroleros, recibidos gracias a la aplicación de un impuesto adicional sobre el exceso de las ganancias obtenidas por las empresas concesionarias. Éstas debían pagarlo por encima de los impuestos que declaraban al tesoro público. Cabe destacar que esa legislación fue concebida durante el breve gobierno democrático de Rómulo Gallegos.

Este factor, junto a la entrega de nuevas concesiones petroleras, permitió que durante ese período se llevara a cabo un vertiginoso despliegue de obras de infraestructura, que de acuerdo a las cifras oficiales de los Censos Nacionales de Población atrajo no menos de 200.000 personas desde las más diversas latitudes del planeta.

La demostrada represión de ese gobierno, y de nuevo, la participación decisiva de un sector militar opuesto a Pérez Jiménez, condujeron a su derrocamiento. Los regímenes que creen que pueden imponerse por encima de la pluralidad y el derecho pacífico a disentir, están destinados al repudio.

El 23 de enero de 1958, el último dictador del siglo XX venezolano salió del país rumbo a la República Dominicana, presidida en aquel entonces por uno más de los autócratas que recuerda América Latina: Rafael Leónidas Trujillo. El culto a la personalidad promovido en aquel país caribeño, y las variopintas insignias y adornos militares que mostraba Trujillo en su uniforme, hoy recuerdan palmariamente a las sociedades modernas que la pluralidad y el consenso democrático constituyen el camino propicio a seguir en beneficio del progreso y la paz.

En vista de tales acontecimientos, sobresale el esmero y trabajo con los que miles de venezolanos y personas venidas de otros países hicieron posible llevar la naciente industria petrolera venezolana desde esos desafiantes inicios, a un notable estadio, reconocido mundialmente, de estándares de seguridad operacional, productividad y eficiencia.

Este libro observa el devenir de la transformación del espacio físico y su impacto en la cultura de la sociedad de la región oriental venezolana, en el vertiginoso período que va de 1938 a 1958.

Una serie de factores asociados al crecimiento de la población, atraída por nuevas fuentes de empleo vinculadas a la industria petrolera, a la construcción de refinerías, la inauguración de oleductos y terminales de embarque, llevó a la consolidación de numerosas poblaciones y campos petroleros, como Caripito y Quiriquire (Campo "La Floresta", Campo "El Porvenir"), El Tigre, San José de Guanipa y San Tomé (Campo San Tomé), Oritupano, Anaco (Campo Duarte, Campo Rojo), Puerto La Cruz (El Chaure), Pedernales, Jusepín, Punta de Mata y Temblador. El país plasmado en el antes y después produce sentimientos de pertenencia con los que ojalá el lector se identifique.

Junto a Manuel R. Egaña, Leopoldo García Maldonado, Arnoldo Gabaldón, Enrique Guillermo Tejera, José González Lander y Gustavo Inciarte, Rafael Alfonzo Ravard completa un honorable grupo de venezolanos que con honestidad y fe en lo bueno del país y sus posibilidades, contribuyeron con varias de las más admirables realizaciones de Venezuela durante el siglo XX.

En 1982, en su discurso de incorporación a la Academia Nacional de Ciencias Físicas, Matemáticas y Naturales, *"Venezuela y Energía. Agente de Transformación"*, Rafael Alfonzo Ravard señaló que:

"La inversión cuidadosa de las ganancias petroleras debe facilitar la explotación y transformación de los recursos no petroleros del país, en especial los de Guayana: mineral de hierro, bauxita, energía hidroeléctrica y gas natural de Anzoátegui, lo que conduciría hacia un proceso de desarrollo industrial y de producción competitiva que permita exportar, satisfacer el crecimiento del mercado interno, y sustituir muchos de los productos que se importan en la actualidad.

Y en todo este contexto, no debemos olvidar las ineludibles relaciones entre el desarrollo de Guayana, el de la Faja Petrolífera, y el eje de ambos: El Orinoco."

Rafael Alfonzo Ravard fue el gerente que inició y llevó a buen puerto la construcción del majestuoso complejo hidroeléctrico de Guri. Venezuela debe a este gran venezolano un merecido reconocimiento. Desde 1947, la Corporación Venezolana de Fomento, con la participación de la empresa estadounidense Burns and Roe, concibió la idea de aprovechar el cauce del río Caroní, en el corazón del estado Bolívar, para generar la energía que contribuyera al desarrollo nacional.

Bajo la dictadura de Pérez Jiménez finalmente comenzó la construcción de Macagua I, y el resto del proyecto fue culminado por los gobiernos elegidos por la mayoría soberana de los votos de los venezolanos.

En este aparte, especialmente se destacan los gobiernos de Rómulo Betancourt y Raúl Leoni. Guri fue hecho entre 1963 y 1968 por un consorcio integrado por Kaiser Engineering and Constructors Inc., Macco International, Tecon International Inc., Merrit Chapman and Scott Overseas Corp., Construcciones Christian Nielsen y Técnica Constructora. El complejo, que fue ampliado entre 1978 y 1986, concentra una capacidad instalada capaz de generar 10.000 MW. En términos de esa magnitud, en su momento fue la primera central hidroeléctrica del mundo.

Los restantes complejos hidroeléctricos del Bajo Caroní suman 7.000 MW. Se inician con Macagua I [capacidad 386 MW, en el período 1956-1961]; Macagua II y III [capacidad 2.560 MW, en el período 1990-1995]; Caruachi [capacidad 2.280 MW, en el período en 1997-2006] y Tocoma, que aún en 2010 se encuentra en construcción.

Ambas regiones, la Faja del Orinoco y Guayana son un portento de capacidad generadora de energía. Un observador imparcial podría afirmar que Venezuela fue premiada al acumular la descomunal cantidad de petróleo que tiene bajo su subsuelo, y a la vez, conferirle el potencial hidroeléctrico que posee el cauce del Caroní.

El contraste ha sido, en la primera instancia, varios representantes—no es justo decir que todos porque hubo gente demostradamente honesta y comprometida con el beneficio del país-, de una peculiar dirigencia política a la que correspondió y ha correspondido administrar la abundancia de ingresos producto de la explotación petrolera. Se ha despilfarrado una colosal suma de dinero y las urgencias de la nación persisten.

En segundo lugar, y ante múltiples factores climáticos y técnicos, los oídos sordos a las medidas propuestas en el comienzo de este siglo por varias autoridades en la materia hidroeléctrica.

Esto, pese a que con suficiente antelación se informó al país acerca del escenario que se concretó a fines de la presente década. Un complicado complejo como el construido en el Cañón del Nekuima, estado Bolívar, requiere un eficiente mantenimiento. Eso, utilizando como guía operacional un riguroso protocolo orientado, fundamentalmente, a la prevención.

La efectividad de esos costosos equipos generadores y de distribución es proporcional a la planificación de las inversiones que éstos requieren para mantenerse funcionando adecuadamente.

En los albores de la democracia, el sistema nacional de energía, en total correspondencia con el aumento de la demanda de energía, previsible, lógica, esperada. Ese sistema responderá a ella siempre y cuando se invierta en cuidarlo.

La convivencia de la explotación petrolera, de la generación de energía y el cuidado del medio ambiente es un tema particularmente sensible. Al respecto, recomiendo la consulta de los trabajos del Dr. Juan Carlos Sánchez M., todos ellos meritorios y dignos de destacar.

En particular, el Dr. Sánchez ha hecho un esfuerzo plausible al llevar a las aulas, a través de una cruzada educativa, una explicación asequible de por qué Venezuela requiere sembrar una mayor conciencia sobre su presente y futuro como potencia energética, e incentivar el cuidado de sus aguas, suelos y aire.

El advenimiento de la industria petrolera nacional hizo que una sociedad devastada por un sinnúmero de enfermedades y calamidades, contemplara a partir de 1938, los primeros pasos de un flamante sistema de asistencia sanitaria frente a la mortandad con las que el paludismo y muchas otras afecciones asolaban a Venezuela.

Lo mismo puede decirse, sin duda, acerca de los inicios de un modelo de educación que con el pasar del tiempo se perfeccionó y hoy, para los que vivieron en aquella época, es motivo de patente nostalgia.

Esa era la Venezuela de 1938. Si consideramos que veinte años antes, en 1918, Venezuela había sido diezmada por la peste española, salta a la vista lo duro de las condiciones en las que se entró al siglo XX.

En la venida de muchísimos extranjeros, con ánimo de trabajar y establecerse honradamente en el país existió mutuo beneficio, imposible de negar. Hubo un proceso de consolidación de una Venezuela que se caracterizó como un país receptor y protector de emigrantes.

Los valores cívicos del proceso educativo que comenzó a desarrollarse gracias al aumento de los recursos provenientes de la renta petrolera, permiten reconocer a ese venezolano que es gentil y educado, incapaz de tomar algo que no es suyo, que pide las cosas por favor y las agradece, muy poco dado a insultar a otro por nimiedades, respetuoso de las normas y cálido hasta lindar con la familiaridad con quien le solicita alguna asistencia.

La venida de modos culturales de otros países también enriqueció nuestra cotidianidad, nuestra mesa, nuestras celebraciones, nuestro despertar a un siglo profundamente violento y complicado, terrible en saldo de fallecimientos debido a conflagraciones, pero a la vez pleno en adelantos científicos tecnológicos, que aparecieron en Venezuela como evidencias de la innovación que comenzó a producirse en nuestras tierras.

Entre otros, están la radio, la televisión, y enormes sistemas de cómputo como el que IBM trajo al país en 1957, que apoyó en grado sumo a la industria petrolera. El mejor ejemplo lo constituye el emblemático modelo 650, que constaba de tres armarios (consola, alimentación e interfaz de lectura de tarjetas perforadas), y que junto a su unidad de alimentación pesaba cerca de 1.350 kilos.

A un costo de 500 mil dólares, el IBM 650 se usó en tareas relativas a contabilidad, investigación y desarrollo. Se podía alquilar por 3.500 dólares al mes.

Todo esto, sin dejar de mencionar las investigaciones del Dr. Humberto Fernández Morán, probablemente la mente menos aprovechada en beneficio del país durante el siglo XX. El Dr. Fernández Morán desarrolló lo que hoy es el Instituto de Investigaciones Científicas (desde 1959). Anteriormente este centro era el Instituto Venezolano de Neurología e Investigaciones Cerebrales (fundado por él en abril de 1954).

La cuchilla de diamante para ultramicrotomía es tan solo una de sus muchas contribuciones al mundo. En 1956 tuvo la idea de traer el primer reactor nuclear experimental a Venezuela, y a América Latina. Lo logró, y finalmente el RV-1 se instaló en 1960. Pero, para ese momento el Dr. Fernández ya se había marchado de Venezuela, y Marcel Roche dirigía el Instituto.

El RV-1 fue fundamental para esterilización microbiológica de alimentos y materiales quirúrgicos. Ni qué decir de su valía en el campo de la investigación científica.

Humberto Fernández Morán trabajó en la técnica de crio-fijación ultra-rápida con helio; el método de substitución bajo congelamiento para microscopía electrónica; y en el concepto de crio-microscopía electrónica y el crio-microscopio electrónico. El Dr. Fernández falleció en Estocolmo, en 1999.

Para el aprecio de los venezolanos está el nombre de otro gran científico, el Dr. Baruj Benacerraf, inmunólogo nacido en Venezuela en 1920.

El Dr. Benacerraf desarrolló su brillantísima carrera en los Estados Unidos de América y obtuvo el premio Nobel de Medicina en 1980. Ese premio lo recibió junto a sus colegas Jean Dausset, de la Universidad de París y George D. Snell, del Laboratorio Jackson en Maine, EUA. La distinción reza que recibió el premio por sus 'descubrimientos concernientes a las estructuras, genéticamente determinadas, de la superficie celular que regulan las reacciones inmunológicas'.

El Dr. Benacerraf publicó en 1998 su interesantísima autobiografía 'De Caracas a Estocolmo: Una vida en la medicina', en la que destaca que fueron sus problemas de salud en la infancia, especialmente el asma, los que despertaron su interés en la investigación y la inmunología. Es un testimonio de entereza y superación.

'Sus descubrimientos seminales hicieron posible mucho de lo que sabemos acerca de los procesos básicos de las enfermedades como las infecciones, los desórdenes autoinmunes y el cáncer', señaló el Dr. Edward J. Benz, Jr, presidente del Dana-Farber Cancer Institute, a propósito de su sensible fallecimiento en la ciudad de Boston, en agosto de 2011.

La Venezuela de 1940 vivió azotada por una enfermedad devastadora. Así lo apunta Carlos Gottberg:

"De 1940 a 1945, año en que se empezó a utilizar el DDT en la lucha antimalárica, se observaron 63 índices vitales negativos (un número mayor de muertes que el de nacimientos) en los estados de Venezuela, particularmente aquellos de la zona de los llanos. De estos índices, 61 por ciento ocurrieron en entidades con una tasa de mortalidad por malaria mayor de 500 por 100.000, y 83 por ciento en áreas con tasas de mortalidad por malaria por encima de 300 por 100.000. En consecuencia, no debe asombrarnos que antes de cada dos horas muriese un venezolano de infección malárica."[1]

Leopoldo García Maldonado, ilustre sanitarista, impulsor de los estudios de medicina interna en el país y rector de la Universidad Central de Venezuela en 1944-1945; Enrique Guillermo Tejera Guevara, uno de los investigadores médicos más prolíficos del país, con invaluables aportes científicos en el campo de la microbiología sobre la tripanosomiasis, leishmaniasis y el paludismo; y Arnoldo Gabaldón, quien había estudiado en la Universidad Central de Venezuela y luego, becado por la Fundación Rockefeller, se doctoró en Protozoología en Johns Hopkins, encabezaron una lucha admirable por detener ese mal y lograr un nivel de sanidad en el país acorde con la modernidad, tarea titánica que es justo reconocerles y nos enaltece como venezolanos.

Mi abuelo materno, Rafael, fue trabajador de una de las empresas pioneras en la región Oriental: la Standard Oil. Mi padre, JA Navarro Ochoa, estudió en México, Estados Unidos y Venezuela. Dedicó su esfuerzo a contribuir con el país a través de sus labores y viajes por prácticamente todos sus parajes. Entre sus aspiraciones vitales estuvo siempre la

---

[1] Carlos Gottberg, *Imagen y huella de Arnoldo Gabaldón*, Caracas, INTEVEP, 1981, p. 32.

difusión de la historiografía, la de la música y el sinfín de expresiones artísticas de su país.

Gracias a esa influencia familiar, he tenido el privilegio de conocer los vastos llanos guariqueños, las extensas mesas del sur, los bosques monaguenses y el descomunal Delta del Orinoco. No oculto mi emoción al poder visualizar a través de las fuentes históricas los esfuerzos de esos primeros hombres y mujeres del petróleo en el Oriente de Venezuela. Ellos superaron condiciones adversas para desempeñarse como los pioneros de la industria petrolera nacional en su tierra.

Decidí iniciar esta investigación en 1938, aunque creo necesario mencionar que el *primer descubrimiento de petróleo en la zona fue hecho en 1913 por la New York and Bermúdez*, específicamente en el campo Guanoco, ubicado a unos 60 Km. al norte de Maturín.

En junio de 1928, la Standard Oil de Venezuela completó la perforación del pozo *Moneb-1* en Quiriquire, estado Monagas, y desde allí comenzó la exploración del resto de la región.

En 1938, durante la presidencia de Eleazar López Contreras, la economía venezolana comenzó a acusar el mayor peso específico de la presencia este elemento, unido a partir de entonces al destino de la República: el petróleo. De

---

2   Aníbal Martínez, *Cronología del petróleo venezolano*, Caracas, Ediciones Foninves, 1976, p. 57.

forma exponencial, esta materia prima se ha convertido en el pilar de los ingresos de las arcas nacionales.

En el sur de nuestro Oriente, en 1935, el famoso pozo Canoa I alcanzó una profundidad total de 3.855 pies (1.175 metros) y en él se ubicaron arenas delgadas saturadas de petróleo muy denso. En 1938, comenzó la explotación del pozo Suata 1, a 170 kilómetros al oeste del Canoa I, en las cercanías de la población de San Diego de Cabrutica. Éste mostró más de 60 metros de arena neta petrolífera, tan densa como la brea.

Entonces, los técnicos petroleros comenzaron a denominar a esa zona de exploración "Tar Belt" (Cinturón de la Brea), razón por la que las empresas petroleras que operaban en la región optaron por explorar y explotar los pozos hacia el norte, donde encontraban crudos más fáciles de extraer.

Para el año final de la investigación, 1958, se consolida la producción en el Oriente, con los descubrimientos del inmenso campo petrolero de Morichal en Monagas. En apenas veinte años, Venezuela se convirtió en protagonista esencial del panorama energético mundial.

"El estallido de la crisis de Suez, en julio de 1956, provocó la interrupción de los suministros petroleros del Medio Oriente hacia Europa, permitiendo el acceso del petróleo venezolano a los mercados de ese continente. Cambiaron entonces los parámetros de producción de las compañías concesionarias en el país y subieron las exportaciones para cubrir la emergencia de la demanda en el mercado internacional."[3]

Situados en un delicado momento político, la dictadura del general Marcos Pérez Jiménez se acercaba a su fin, y mientras al erario nacional ingresaban cuantiosos recursos financieros, se endeudó y derrochó sin ningún plan de ahorro.

Eso ha sido—en gran medida causada por la falta de miras de varios dirigentes políticos—, parte de la realidad de Venezuela: Mucha riqueza, altas cifras de ingresos pagados eficaz y puntualmente por nuestro principal cliente petrolero. Pero, a la vez, la injustificada circunstancia de un despilfarro descontrolado, que ha sumido al país en un creciente, costoso y cómo no, dramático, endeudamiento.

El gasto desmedido, sin una mínima noción de prudencia ante lo incierto de los ciclos económicos, combinado con un muy escaso incentivo del ahorro, ha tenido graves efectos en el desenvolvimiento económico de un país que ha conocido niveles de ingreso colosales en cortos períodos de tiempo.

En la práctica, los ciclos en los que baja el precio del barril han sido devastadores para Venezuela. Al final de la década de los años 50, una combinación de factores inusitados en el mercado petrolero mundial trajo complejos efectos para la economía nacional.

---

[3] Héctor Malavé Mata, *Historia Mínima de la Economía Venezolana*, Caracas, Fundación de los Trabajadores de Lagoven, 1997, p. 140.

Este trabajo dibuja un panorama general que permite conocer cómo surgieron los primeros asentamientos petroleros en la región del Oriente y cómo transcurrió la incipiente transformación del paisaje, representada por las obras de infraestructura asociadas a éstos, así como el impacto de la presencia de la actividad petrolera en la sanidad y en la educación del resto de la población.

A la luz del comienzo del siglo XXI, se pueden apreciar numerosos elementos que nos han conformado como sociedad desde las primeras décadas del siglo pasado. El despertar de la industria petrolera nacional y su posterior desarrollo, preponderantemente está asociado al proceso de expansión plena de los Estados Unidos, Holanda e Inglaterra.

Dentro de ese proceso histórico hubo también aspectos negativos. Comprenderlos nos permite aspirar a construir un país que los tome en cuenta para lo que sigue.

Pese a que tantos lo han advertido, nunca son suficientes las alertas sobre la necesidad de preparar al país para lo que metafóricamente es posible definir como las "épocas de las vacas flacas". En esa medida, Venezuela podría desarrollar varios tipos de industrias y servicios, que rindan frutos, siempre y cuando estén bien administradas.

Muchas de esas industrias ya existen, y son inmensos conglomerados con ubicaciones espléndidas, con un clima tropical favorable, y una envidiable disponibilidad de energía y agua. Bien llevadas, serían capaces de producir riqueza, impulsar actividades conexas para generar empleo y mejores condiciones de vida en sus regiones.

Lo inverosímil es que a través de los años han registrado pérdidas significativas, y se han ido desgastando en una erosión burocrática que desconoce el más mínimo sentido de eficiencia. Ojalá en un futuro cercano exista una mayor concentración de voluntades para apreciar el significado de esas industrias, que de ser gerenciadas y desarrolladas adecuadamente constituirían un alivio para diversificar la economía, hacerla menos dependiente del petróleo y procurar con ello el bien de la nación.[4]

Durante el inicio de la industria petrolera venezolana, las ansias de mejorar están presente en lo tangible y lo perdurable: en el legado de actitudes hacia el trabajo, en las relaciones con la comunidad, en las relaciones laborales, en las construcciones, en las nuevas formas de lomoción, en las instalaciones con aditamentos sofisticados, en los nuevos hospitales, en las escuelas, en los institutos de enseñanza técnica, en las universidades, en el agro con sus nuevas técnicas y procedimientos, en el manejo planificado de los recursos, en la percepción de un novedoso sentido de urbanidad (derechos y deberes) en el poblado, en fin, en todas y cada una de las cosas que guardan relación con el tema petrolero en el país.

---

[4] Para una aproximación a toda una gama de temas relacionados con la concepción y el potencial de las industrias básicas del sur del país, recomiendo la lectura del libro "Una perspectiva gerencial de la Corporación Venezolana de Guayana" de Gustavo Coronel.

Con orgullo, el país puede mostrar la importancia de los aportes tecnológicos venidos de otras latitudes en su desarrollo. En especial, y en honor a las mentes que los concibieron, es innegable que gran parte fueron inventados y perfeccionados en el Norte de América. En su mayoría trajeron consigo cambios muy positivos para la sociedad venezolana. ¿Cómo pretender desconocerlo?

Esos adelantos permitieron,—cuando se combinaron con el ingenio, la inventiva y el espíritu de superación de nuestros poblados—, que muchos habitantes de tantas regiones hasta entonces muy afectadas por las condiciones reinantes, mejoraran su calidad de vida.

Al mismo tiempo, creo necesario reconocer y valorar la pericia que trajeron consigo estos técnicos, con las que nuestros trabajadores petroleros se capacitaron y gracias a lo cual demostraron un notable desenvolvimiento y reconocida competencia en operaciones que hasta entonces eran del todo desconocidas en nuestra tierra.

En la medida que existan más venezolanos que se identifiquen con los esfuerzos y logros de esos trabajadores, de los sanitaristas, técnicos, ingenieros, geólogos, tanto los nacionales como los que llegaron desde el extranjero, será recompensada la memoria de estos valientes. Con espíritu emprendedor, tenacidad y fortaleza, se enfrentaron a condiciones las más de las veces infrahumanas, y posibilitaron una realidad mejor. Son una buena referencia para los tiempos actuales y los que están por venir.

Para compilar las fuentes consultadas viajé a la Universidad de Texas en Austin, a la Biblioteca Wells de la Universidad de Indiana en Bloomington, a la Biblioteca de la Universidad Purdue en West Lafayette, y a la Biblioteca de la Universidad Central de Venezuela (UCV).

En la Escuela de Historia de la UCV, deseo hacer mención al constante apoyo que recibí de la Dra. Antonieta Camacho, y del Dr. Julio López Saco. La amabilidad de todos los profesionales que me asistieron en esos importantes centros académicos motiva mi sincera gratitud.

Debido a la paradoja en un país petrolero sin mayor preocupación por la divulgación de su historia petrolera, e incluso proclive a asociar ésta a países que nada tuvieron ni tienen que ver ni con la evolución histórica ni con el estado del arte actual de la materia, la historiografía sobre el Oriente petrolero definitivamente no es abundante.

En las referencias están presentes varios trabajos que pasean por el tema en forma general. Lo que se ha escrito sobre la zona corresponde en una escala significativa al estudio concienzudo de geólogos e ingenieros.

En particular, sobre el Oriente y la Faja Petrolífera del Orinoco, es necesario reconocer el trabajo de Aníbal Rafael Martínez Navarro, autor e investigador de amplio renombre. Varias de sus obras están en las referencias. Las recomiendo ampliamente.

También, quiero destacar las líneas del Sr. Richard Monnin y "Los Hombres del Petróleo en Oriente". El Sr. Monnin nació en Suiza, pero para todos los efectos y por su amor a Venezuela es uno más de sus hijos, que la forjaron a base de trabajo, esfuerzo y dedicación.

Poco después del envío de este trabajo a imprenta, vio la luz "El Petróleo viene de la Luna". El Dr. Gustavo Coronel, venezolano cabal, describe ágilmente en ella la evolución de una vasta conjunción de retos y aspiraciones, así como también la de dificultades y dramas, en torno al primer elemento que viene a la mente cuando se hace mención a la economía venezolana.

Por su calidad narrativa y por la abundancia de detalles hasta ahora escasamente conocidos, "El Petróleo viene de la Luna" es una valiosa mirada "desde adentro" de un tema que merece mayor atención de parte de los venezolanos. A su autor agradezco los notables aportes para esta investigación y su sabio consejo. Me ha honrado el prólogo que ha escrito a propósito de este humilde trabajo, que pretende aproximarse a veinte de los prácticamente cien años que han transcurrido desde que Henry Deterning apostó por Venezuela y su petróleo.

Pese a que he procurado que este libro sea el producto del contraste de las fuentes y su verificación exhaustiva, cualquier imprecisión en su contenido es mi entera y única responsabilidad.

La valoración de los primeros trazos del vigoroso retrato que se comenzó a dibujar en el Oriente petrolero venezolano durante el período de las primeras exploraciones y operaciones de explotación, de 1938 a 1958, y del rol de los miles de venezolanos y personas venidas de otras latitudes en esa gesta, es quizás la mayor contribución que aspira este libro. Espero que lo disfruten.

Capítulo I

Los orígenes de la actividad petrolera en el Oriente de Venezuela.

Las primeras empresas concesionarias que operaron en el Oriente venezolano.

Las empresas Standard Oil de Venezuela (posteriormente la Creole Petroleum), Caribbean Petroleum (perteneciente a la Royal Dutch Shell), Gulf (posteriormente Mene Grande Oil Company) y Sinclair, fueron las primeras empresas que exploraron el Oriente venezolano.

Un sucinto resumen de la historia de las concesiones petroleras en el país consistiría en hacer mención a que la primera de ellas fue otorgada a D.B. Hellyer, el 15 de septiembre de 1854.

Diez años después, en 1864, la Legislatura del estado de Nueva Andalucía otorgó una segunda concesión a Manuel Olavarría. Luego, el 24 de agosto de 1865, Jorge Sutherland,

Presidente Constitucional del estado Zulia, concedió al ciudadano estadounidense Camilo Ferrand la autorización para *"taladrar, sacar y exportar petróleo o nafta en todo el estado Zulia oque se conozca el aceite que exista en la tierra"* [5] . . . Esta concesión caducó al año siguiente por incumplimiento de contrato.

El 16 de Mayo de 1860, en un informe ante la Sociedad Geológica de Londres, G.P. Wall hizo referencia a grandes depósitos de brea en el *"Golfo de Maracaybo"*.[6]

La Constitución Federal Venezolana de 1864 estableció que el Estado administraría los combustibles naturales a través de una concesión estatal. En 1878 se otorgó una concesión a Manuel Antonio Pulido Pulido para explotar el petróleo descubierto en su hacienda "La Alquitrana", para lo cual creó la *"Compañía Minera Petrolia del Táchira"*[7], que entró en producción comercial en 1883.

La explotación de la Petrolia apenas daba para suministrar de kerosén a las localidades aledañas, pero es la primera compañía asociada a combustibles fósiles, aunque muy artesanalmente, fundada por venezolanos.

El 7 de mayo de 1883 se otorgó una concesión a Horatio Hamilton y Jorge Phillips sobre el lago de asfalto de Guanoco, en el estado Sucre.

---

[5] Aníbal Martínez, *Cronología* … p.38.
[6] G.P. Wall, *On the Geology of a part of Venezuela and Trinidad, Geological Society London Journal*, Vol. 16, pp. 460-470, 1860.
[7] *Ibídem*, p. 42.

La explotación del lago de asfalto natural de Guanoco, para el año de 1890, fue entregada en concesión a la New York and Bermudez Company (NY&BC).

Para 1901, durante la llamada "Revolución Libertadora" contra el gobierno de Cipriano Castro, la New York & Bermudez Company financió al banquero Manuel Antonio Matos.

Entre diciembre de 1902 y febrero de 1903, las armadas de Inglaterra, Alemania e Italia bloquearon las costas de Venezuela. El argumento fue que el gobierno de Castro no estaba cumpliendo con el pago de la deuda internacional.

Los Estados Unidos de América mediaron para resolver el conflicto. La situación cesó con la firma de los Protocolos de Washington de febrero de 1903.

Allí se establecieron acuerdos recíprocos para la cancelación progresiva de los reclamos presentados. Dos meses antes, Luis María Drago, canciller de la República Argentina, redactó un documento que denunció la ilegalidad del cobro violento de una deuda, ejercido por grandes potencias en detrimento de Estados pequeños.[8]

Cipriano Castro promulgó la Ley de Minas del 14 de agosto de 1905, a fin de regular la materia concerniente a las concesiones petroleras. Esta Ley permitó el traspaso de concesiones y derechos a la explotación del petróleo por

---

8   Manuel Caballero, "*Las Crisis.*, p. 53.

lapsos de 50 años, con beneficios impositivos para el Estado venezolano de dos bolívares por hectárea de superficie de cada concesión.

En diciembre de 1909, el General Juan Vicente Gómez, luego de desalojar a Castro del poder y en efectivo ejercicio de la presidencia, confirmó los derechos concesionarios a la NY&BC.

John Allen Tregelles y N.G. Burch, apoderados de la empresa británica The Venezuelan Develoment Co., recibieron una concesión de 27 millones de hectáreas que incluyó los estados Sucre, Delta Amacuro, Monagas, Anzoátegui, Carabobo, Zulia, Falcón, Táchira, Mérida, Lara, Trujillo y Yaracuy.

La concesión Tregelles-Burch fue cancelada en 1911. L.V Dalton, en Londres, publicó un libro sobre Venezuela en el que estudió la naciente industria petrolera y las operaciones de explotación del asfalto en el país. Dalton señaló que *"Venezuela debe ocupar un puesto entre los importantes países petroleros del mundo".*[9]

El 2 de enero de 1912, el venezolano Max Valladares obtuvo una controversial concesión. Esto, debido a que el Director de Minas del Ministerio de Fomento, J.M. Espindola se opuso y a que el miembro del Consejo de Gobierno, Leopoldo Batista[10], denunció la licencia.

---

9   L.V. Dalton, *Venezuela*, Londres, Fishin y Unwin, 1912, p. 34.

10   Luis Vallenilla, *Petróleo Venezolano, Auge, declinación y porvenir*, Caracas, Monteávila, 1976, p. 25.

Valladares la traspasó dos días después, el 4 de enero, a la Caribbean Petroleum, subsidiaria de la General Asphalt. A finales de ese año, la Caribbean Petroleum pasó a estar bajo el control de la compañía Royal Dutch Shell.

La superficie total de Venezuela suma aproximadamente 91.205.000 hectáreas. La explotación petrolera en el país, en la primera mitad del siglo XX, hasta 1947, tuvo como escenario tres grandes zonas que sumaban un total de 25 millones de hectáreas.

Esas tres regiones son las cuencas sedimentarias de Maracaibo-Falcón, la Cuenca de Barinas-Apure y la Cuenca Oriental. En el comienzo de las explotaciones petroleras en Venezuela, la que tuvo mayor auge fue la de primera, que abarca la cuenca del Golfo de Venezuela, hacia el Noroeste, en los estados Zulia y Falcón, donde está ubicada la importante Península de Paraguaná.

La Cuenca de Barinas-Apure, en el suroeste, se extiende en el corazón del piedemonte andino, en las profundidades de los estados Trujillo, Barinas y Táchira, hasta los llanos occidentales.

Finalmente, la Cuenca Oriental, se extiende desde los llanos centrales venezolanos hasta el Delta de Orinoco, y abarca, con sus dos subcuencas, la de Guárico y la de Maturín, la región que corresponde al Oriente y a la muy interesante Faja Petrolífera del Orinoco.

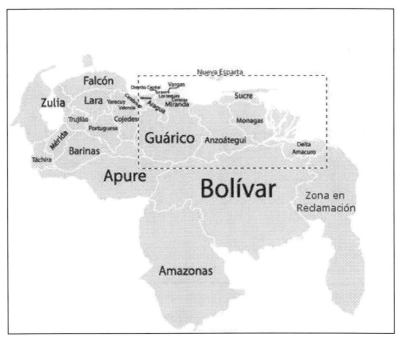

Mapa de la República de Venezuela

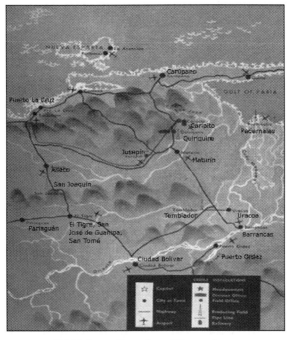

El Oriente Petrolero Venezolano

6

La Standard Oil Company.

La Standard Oil fue una compañía petrolera estadounidense que inició actividades luego de la Guerra de Secesión en 1865. Esta compañía emergió gracias a la política favorable del gobierno estadounidense que subsidió y estimuló su funcionamiento en aras de incrementar su presencia y poder.

John D. Rockefeller, su *chairman*, convirtió a Standard Oil en el mayor monopolio comercial de los Estados Unidos. Rockefeller estableció un modelo comercial cuya característica esencial marcó las prácticas de los empresarios de aquel entonces: la expansión.

El primer hallazgo de petróleo en los Estados Unidos fue el 27 de agosto de 1859, en una instalación propiedad del coronel Edwin Drake en Oil Creek, Pennsylvania.

Un año después, al menos quince refinerías operaban en el oeste de aquel estado, y cinco más en la ciudad de Pittsburgh. El negocio consistió en llevar el petróleo del campo a los trenes que luego lo transportaban a las refinerías.

En 1863 el ferrocarril llegó a Cleveland, Ohio, y el "midwest" estadounidense comenzó a competir con las refinerías de Pennsylvania. Entonces Rockefeller, de apenas veinticuatro años, junto a sus socios, comenzaron a comprar refinerías en el estado del "Gran Río".

Rockefeller compró desde los árboles para los barriles hasta los almacenes donde guardarlos. Cuando la producción alcanzó proporciones demasiado grandes como para manejarla en las refinerías, la Standard Oil tomó una decisión: hacerse del control de la refinación para decidir qué nivel de producción estaría en el mercado. Esto le permitió controlar la oferta y el precio. Era un monopolio perfecto.

Un libro de consulta recomendada para los interesados en los inicios de la industria petrolera mundial es "The History of The Standard Oil Company", escrito por Ida Tarbell, en 1904. Allí señala:

"Standard Oil fue la primera en su campo, y la que estableció los métodos, el carácter, y las tradiciones de sus competidores posteriores. Es el monopolio más perfecto que existe, pues satisface el ideal de controlar absolutamente el producto que extrae y vende".[11]

Las compañías más grandes de los Estados Unidos siguieron el ejemplo para consolidarse formando monopolios. Conformaron su poder a través de los "*trust*". Un "*trust*" es una combinación de corporaciones en la que una junta directiva ("*board of trustees*") maneja las acciones de cada compañía individual asociada, y se encarga de tomar las decisiones inherentes al negocio.

En forma general, Rockefeller fue el arquitecto de un modelo que siguieron otras tantas corporaciones en los más

---

[11]   Ida M. Marbell, *The History of the Standard Oil Company*, New York, Dover Publications, 1966, p. xxiii.

diversos rubros de la economía, desde el tabaco hasta la carne. A los competidores se les compraba y absorbía. Los que se negaban, eran sacados del mercado.

Ante las prácticas injustas de muchas de estas grandes corporaciones, el 1 de mayo de 1866 cerca de 350 mil trabajadores en alrededor de 11.500 sitios de trabajo en los Estados Unidos, se declararon en huelga. Denunciaron que tenían derechos como trabajadores y cabezas de familia. Más de 1.400 huelgas se producirían en el resto de aquel año.

Entre 1894 a 1904, el número de compañías que se asociaron en *"trust"* pasaron de 82 a 319, y acabaron con 5.300 negocios independientes en los Estados Unidos.[12] El modelo que siguieron no fue otro sino el de Rockefeller y su Standard Oil Company.

La Ley Antimonopolio, fue redactada por los Senadores Republicanos John Sherman de Ohio, George Edmuns de Vermont y George Hoar de Massachusetts. Se promulgó en 1890 y su objetivo era regular la acumulación del poder económico, desde la producción hasta la comercialización. Con esto buscaba permitir la sana competencia.

El monopolio de Rockefeller salió ileso de la disolución de su compañía en el sur de los Estados Unidos, en 1872. Luego enfrentó nuevos juicios en Ohio, en 1882, y diez años después, en 1892. En 1899, se estableció en New Jersey, y la Standard Oil:

---

[12] Allan Nevins y Henry Steele Commager, *A Pocket History of the United States*, New York, Pocket Books, 1992, p. 270.

"Se convirtió en un banco del más gigantesco carácter—un banco de la industria-, financiando a esa industria contra sus competidores"[13]

Desde New Jersey, Rockefeller controló todos los componentes del negocio.

En 1901, el presidente Theodore Roosevelt ocupó la silla del escritorio *"Resolute"* de la Casa Blanca, a raíz del asesinato del presidente McKinley.

La política de Roosevelt ante los monopolios está resumida en la siguiente afirmación:

"No es nuestro deseo destruir a las corporaciones; nosotros deseamos ponerlas completamente al servicio del Estado y del pueblo"[14]

El gobierno de Roosevelt estableció un *Bureau* (Comité) de Corporaciones a fin de fortalecer su capacidad de regular los monopolios.

Rockefeller inmediatamente envió un telegrama a los senadores afines a su política:

[13] Daniel Yergin, *The Prize: The Epic Quest for Oil, Money and Power,* New York, Simon & Shuster, 1991, p. 105.
[14] William Letwin, *Law and Economic Policy in America: The Evolution of the Sherman Antitrust Act*, Chicago, University of Chicago Press, 1965, p. 85.

"Estamos opuestos a las regulaciones antitrust. Nuestro consejero se reunirá con Ustedes. Esto debe ser detenido. John D. Rockefeller."[15]

El Congreso de los Estados Unidos de América otorgó autoridad, dinero y personal para investigar a los *"trust"*. Posteriormente el *Bureau* de Corporaciones se convertiría en la Comisión Federal de Comercio.

Roosevelt diría sobre los directores de la Standard Oil:

"A cada una de las medidas para impulsar la honestidad en el comercio que ha sido propuesta en los últimos seis años se le ha opuesto la voluntad de estos hombres"[16]

La lucha de la administración de Roosevelt frente al monopolio tuvo apoyos significativos. En Texas, los esfuerzos dirigidos por el gobernador James Hogg, crearon una amplia región conocida como la "Standard-free-zone". Allí las empresas independientes como Gulf y Texaco pudieron desarrollarse y hacer de ese estado el más rico de los Estados Unidos de América.

En el estado de Oklahoma, otros hermanos, Frank y L.E. Phillips comenzaron la búsqueda de petróleo en 1903. En 1905, consiguieron 81 pozos contiguos. Veinte años después fundaron Phillips Petroleum Company, en la ciudad de Bartlesville.

[15] Ron Chernow, *Titan: The Life of John D. Rockefeller*, Sr., New York, Vintage Books, 1998, p. 6.
[16] Yergin, *Ob. Cit*, p. 18.

Oklahoma alcanzó el status de Estado el 16 de noviembre de 1907. Su lema fundacional es "Labor omnia vincit", el "trabajo conquista todas las cosas".

A partir de 1905, en Tulsa comenzaron a construirse viviendas y servicios, pues la ciudad alojaba miles de personas que fueron en búsqueda del petróleo y las oportunidades que la industria ofrecía. Allí se comenzó a conocerla como la capital mundial del petróleo.

En el estado de Oklahoma destaca la ciudad de Norman, que desde 1890 es sede de la Universidad de Oklahoma, y ha sido el alma mater de numerosos profesionales venezolanos.

En cuando a Kansas, su historia petrolera comenzó en 1860, con las perforaciones de G.W. Brown's cerca de la ciudad de Paola. En 1892, la Standard Oil Company de John D. Rockefeller construyó una refinería en ese estado. Sin embargo, entre 1905 y 1910, la producción petrolera declinó.

Con el descubrimiento del campo "El Dorado" en 1915, la historia del estado cambió radicalmente: solo en 1918 produjo 29 millones de barriles.

Pero, volviendo a la historia de la Standard Oil, en 1906, en el circuito federal de San Luis, en Missouri, la administración Roosevelt entabló una nueva demanda contra la compañía por violaciones a la Ley Antimonopolio de 1890.

El gobierno de los Estados Unidos demandó que el "*trust*" se disolviera y que las compañías resultantes operaran en forma independiente.[17]

En 1909, la corte de San Luis falló a favor del gobierno federal y ordenó la disolución de la Standard Oil en un plazo no mayor de treinta días. Sus activos se calcularon en unos 110 millones de dólares.

La Suprema Corte de los Estados Unidos de América confirmó la sentencia. Luego de dos apelaciones por parte de Standard Oil, se ordenó la separación de la misma en treinta y cuatro compañías.

La Standard Oil de New Jersey, fundada en 1882 con un capital de 3 millones de dólares, se convirtió en la empresa que manejó la operación del negocio petrolero del "*trust*".

El inicio de la expansión de la Standard Oil de New Jersey se remonta al fin de la Primera Guerra Mundial, pero es importante destacar que no es sino hasta el 15 de diciembre de 1921 cuando se constituyó como empresa en Venezuela.

El grupo Standard en Venezuela estuvo integrado por la Standard Oil Company de Nueva York (SOCONY), la Standard Oil de Venezuela (que se convertiría posteriormente en la Creole Petroleum Corporation), La Lago Petroleum Company y la Orinoco Oil Company.

---

[17]   Roger Meiners, Al Ringleb y Frances Edwards, *The Legal Environment of Business*, St. Paul, West publishing, 1991, p. 423.

La Royal Dutch Shell.

La historia de la Royal Dutch Shell es un poco menos accidentada que la de su similar estadounidense.

Los hermanos británicos Marcus Samuel y Samuel Samuel eran exportadores de maquinaria inglesa a los puertos de Japón y del Lejano Oriente. A esta actividad se añadió la importación de sedas, cobre y arroz a Europa y al Medio Oriente. En Londres se dedicaban al comercio del azúcar, harina y trigo. Su padre, también llamado Marcus, vendía conchas marinas (*"Shell"* en inglés) a coleccionistas británicos.

En 1890, Marcus Samuel quedó impresionado con el comercio de petróleo en Bakú, a orillas del Mar Caspio. Decidió establecer una empresa de transporte de petróleo desde allí, pasando por el Canal de Suez hacia Europa.

La explotación petrolera en la zona de Bakú estaba bajo el régimen de una concesión dada desde 1872 a los hermanos Ludwig y Robert Nobel. Ellos operaron el primer barco petrolero de la historia, el "Zoroastro" (desde 1878), bajo las insignias de la compañía Nobel Brothers Petroleum Producing Company.

En 1882, una poderosa familia judía alemana, la Rothschild, también fundó una compañía en la zona, la Caspian and Black Sea Petroleum Company. Para el año 1900, Rusia producía 208.000 barriles diarios (b/d) en comparación con los 107.000 b/d que producían los Estados Unidos de América.[18]

El primer tanquero de los Samuel, el "Murex", atravesó el Canal de Suez en 1892.[19]

Los hermanos Samuel llamaron a la nueva compañía de transporte de petróleo "Tank Syndicate". Pero, en 1897, decidieron llamarla "Shell Transport and Trading Company".

Por otra parte, la Royal Dutch Petroleum Company, dirigida por Jean B. August Kessler y Henry Deterding, fue fundada en 1890 en la Isla de Sumatra, en Indonesia. En ese momento aquel país estaba bajo la tutela de Holanda, en plena guerra de Aceh (1869-1905). La etnia Acheh de la isla ya había expulsado a los portugueses en el siglo XVII y resistieron ferozmente a los holandeses. La Royal Dutch se dedicaba a la explotación de una refinería en Pangkalan Brandan.[20]

En Londres, Marcus Samuel tomó la decisión de buscar fuentes de petróleo distintas a Rusia. Es así como en 1904 llega a Borneo y contacta a la Royal Dutch Petroleum, para hacer frente a la supremacía de la Standard Oil Company. Los recientes hallazgos de petróleo en Texas (en 1901, en

---

[18] Julián Barquín Gil, *Energía: Técnica, Economía y Sociedad*, Madrid, Universidad Pontificia, 2004, p. 64.

[19] Jay Pederson, *International Directory of Company Histories, Vol. 49*, Lansing, St. James Press, 1988, p. 341.

[20] Frederick Carel Gerretson, *History of the Royal Dutch*, Leiden, Brill Archive, 1953, p. 14.

Spindletop Hill) causaron una gran preocupación a los empresarios petroleros del Lejano Oriente.

En 1907, se consolida el Grupo Royal Dutch Shell. La Royal Dutch se apoderó del 60% de las acciones y el resto fue a parar a manos de la Shell Transport[21]. Henry Deterding, su primer gerente, convirtió a la alianza en un poderoso consorcio en exactamente un año, expandiéndose a todo el mundo, desde Europa hasta Asia, a Rusia, Rumania, México, Estados Unidos de América (especialmente en la costa del Pacífico) y, particularmente, a la prometedora Venezuela.

A comienzos la Primera Guerra Mundial, en 1914, la Royal Dutch explotaba las más ricas tierras petrolíferas en Long Beach, California. Su expansión incluso llegó a Rusia, a Manzout Pnito, enclave que le fue vendido por la poderosa familia Rotchschild en 1911.

El apoyo de los fondos de este poder económico liderado por Nathan Mayer Rotchschild fue fundamental en el financiamiento de Inglaterra en su conflicto con la Francia de Napoleón un siglo antes. En vísperas de la Primera Guerra Mundial los negocios de NM Rotschschild & Sons acumulaban unos 56 millones de dólares.

"Las tres décadas anteriores a 1914 representaron, literalmente, una edad de oro para los inversores internacionales. Las comunicaciones con los mercados extranjeros mejoraron de una forma espectacular: En 1911, un mensaje telegráfico tardaba solo treinta

---

[21] *Idem.*

segundos en viajar de Nueva York a Londres, y el coste de enviarlo era solo un 0,5 por ciento del que tenía en 1866. En 1908 casi todos los bancos centrales europeos se habían adscrito al patrón oro, lo que significaba que casi todos ellos habían de fijar sus reservas de oro, aumentando los tipos (o interviniendo de cualquier otro modo) en el caso de que experimentaran una fuga de efectivo. Como mínimo, esto venía a simplificarles la vida a los inversores, al reducir el riesgo de que se produjeran grandes fluctuaciones en los tipos de cambio." [22]

La compañía continuó su expansión y en 1911:

"La Royal Dutch compró la General Asphalt, que había obtenido en Venezuela, a través de su filial Caribbean Petroleum Company las concesiones en una de las regiones más productivas del mundo".[23]

Para 1916, la "Bataasche Petroleum Maatschappij N.V.", empresa subsidiaria de la Royal Dutch, comenzó a construir la refinería de Curazao, que recibía embarques de crudo venezolano para su posterior envío a Europa. Esta refinería terminó de construirse en 1923, y se convirtió en un importante centro de refinación que atrajo numerosa emigración a la pequeña isla.

El grupo de la Royal Ducht Shell en Venezuela estuvo integrado por la Caribbean Petroleum Company, The Venezuelan Oil Concessions, The Colon Development

[22] Niall Ferguson, *El poder el dinero*, Debate, 2009, p. 317.
[23] Luis Vallenilla, *Ob. Cit.,* p. 14.

Company Limited, The British Controlled Oilfieds, North Venezuelan y Central Area Exploitation Company Limited.

Así las cosas, en agosto de 1913 se descubrió en el Oriente venezolano el campo petrolero campo Guanoco, luego de completar con éxito la perforación del pozo *Bababui 1.*

Para diciembre de 1912, la General Asphalt, matriz de la Caribbean Petroleum, ofreció participar en el negocio petrolero en Venezuela a la accionista mayoritaria de la New York & Bermudez Company, la Royal Dutch Shell.

Henry Deterding compró 51% de la Caribbean Petroleum en lo que llamó *"la aventura especulativa más grande de su vida".*[24]

El 15 de agosto de 1913, la New York & Bermúdez Company completó 16 pozos de petróleo muy pesado en Guanoco. Esto ocurrió específicamente en la Cuenca de Maturín, 60 kms. al noreste de la ciudad de Maturín, capital del estado Monagas.

W.T.S. Doyle fue el ejecutivo que Deterning encargó para las operaciones en Venezuela. Los geólogos Ralph Arnold y George Macready[25] recomendaron a la Royal Dutch Shell seleccionar 87 lotes de 500 hectáreas cada uno, en los estados

---

[24]   Anibal Martínez, *Ob. Cit.*, p. 57.

[25]   Para profundizar acerca de la invaluable labor de estos geólogos estadounidenses recomendamos la consulta del libro "*Venezuela Petrolera: Primeros pasos, 1911-1916*", editada por Andrés Duarte Vivas y Trilobita Fundación Editorial en 2008.

Monagas, Anzoátegui, Sucre, Nueva Esparta, Falcón, Zulia y Trujillo. [26]

Royal Dutch Shell impulsó la exploración geológica, y en 1914 perforó con éxito el pozo Zumaque I, ubicado en la costa oriental del Lago de Maracaibo.

La producción inicial del Zumaque I fue de unos 200 barriles diarios (b/d), un preámbulo para el descubrimiento del primer campo venezolano de importancia mundial, el campo Mene Grande.

Doyle y Vicente Lecuna se convirtieron en cercanos consejeros del General Juan Vicente Gómez, que gobernó con mano recia y férrea represión a Venezuela de 1908 hasta su muerte, en diciembre de 1935.

En 1916, la Caribbean Petroleum Company inició en la población de San Lorenzo, en la Costa Oriental del Lago de Maracaibo, estado Zulia, la construcción de la primera refinería de petróleo comercial de Venezuela. Esta instalación fue finalizada en 1917.

El 18 de agosto de 1917, esta importante refinería anunció el inicio de la era industrial de la refinación en el país: la producción de derivados y la comercialización del petróleo a gran escala en territorio venezolano.

---

[26] Jesús Soto Prieto, *El Chorro: Gracia o maldición*, Maracaibo, LUZ, 1975, p. 18.

Es interesante señalar que esta refinería comenzó procesando 2.624 barriles de petróleo crudo y en la década de los años 40 pasó a procesar alrededor de los 45.000 barriles de petróleo diarios.[27]

Un antecedente en el Oriente está en el Delta del Orinoco, en la población de Pedernales, donde la compañía Val de Travers instaló una refinería para procesar asfalto en 1900.

A propósito de ello, Val de Travers es una región de Suiza, de la que durante casi 300 años, hasta 1986, se extrajo asfalto y se exportó a todo el mundo. Sus minas de asfalto—descubiertas en 1711—, formaron un laberinto de galerías y pozos subterráneos que pueden ser visitados. Una exquisitez de esa región es el jamón cocido en asfalto.

En 1917, la New York & Bermúdez Company monopolizó la producción de asfalto. Se produjeron 53 mil toneladas que provenían del Lago de Guanoco.

Ese mismo año estalló la Revolución Rusa, que desplazó del poder al zar Nicolás II, lo que trajo como consecuencia que el negocio petrolero en ese país entrara en un turbulento período para las empresas extranjeras. Éstas comenzaron a mirar con mucho mayor interés a Venezuela.

La situación era desalentadora para las grandes inversiones que requiere la explotación de hidrocarburos:

[27] Iván Salazar Zaid, *El Petróleo en el Zulia*, Maracaibo, Academia de Historia del Estado Zulia, 2004, p. 2.

"Cuando en 1917 se produjo la Revolución Rusa, aquel país tenía bajo control 28 pozos de petróleo y gas. Esa revolución confiscó la propiedad privada de las compañías inversionistas y prácticamente aisló las inmensas reservas de crudo a Occidente. La industria petrolera rusa fue un desastre en los siguientes diez años".[28]

Para ese año, la Caribbean Petroleum Company explotó 12.791 toneladas de petróleo de la parcela Zumbador, y 5.457 de la parcela Zumba en el campo Mene Grande, en Zulia.

Cada tonelada causó un impuesto de Bs. 4. La "Bermúdez" pagó Bs. 213.000 por la explotación de Guanoco, y la Caribbean Bs. 409.000 por la renovación de 409 títulos.

Caribbean empleó 669 personas, de las cuales 63 eran extranjeras. Los salarios de los peones eran bajos: 3, 4 ó 5 bolívares. El horario de trabajo era desde las seis de la mañana hasta las seis de la tarde. La medicina de la que disponían frente a cualquier enfermedad fue la quinina.

El paludismo causó estragos y numerosas bajas entre los humildes venezolanos que comenzaban a encontrar fuente de trabajo en el petróleo. Dos o tres fallecimientos en los campos petroleros se registraban diariamente producto de esa voraz enfermedad

---

[28] Bulent Gokay, "History of Oil Development in the Caspian Basin" en: *Oil and Geopolitics in the Caspian Sea Region*, Michael P. Croissant y Bulent Aras, Westport, Praeger Publisher, 1999, p. 10.

A propósito de esta grave afección, el Dr. Gustavo Coronel[29] comenta que las primeras casas de los campos petroleros, que veremos más adelante, fueron construidas sobre pilotes que las separaban del suelo, no solo para defenderse de las culebras y otros animales, sino para romper el ciclo de pozos, mosquitos, malaria. Esto fue implantado primero en Occidente por los Doctores Enrique Guillermo Tejera y Leopoldo García Maldonado, siguiendo sugerencias del Dr. J.W.W. Stephens, de Londres, especialista en enfermedades tropicales.

La economía venezolana comenzó a experimentar un importante cambio cualitativo a partir de 1910, año en que Román Cárdenas asumió el cargo de ministro de Obras Públicas.

Cárdenas elaboró el primer plan nacional de obras públicas y el primer plan nacional de vías de comunicación.

Dos años después, tomando en cuenta sus méritos, el general Juan Vicente Gómez le encargó la cartera de Hacienda, y Cárdenas viajó a Londres, donde se especializó en finanzas.

El 3 de enero de 1913, tomó posesión del cargo de Ministro de Hacienda. Román Cárdenas trabajó en la reforma de la Hacienda Pública, que impuso la necesidad de

---

[29] Recomendamos la lectura de las obras del Dr. Gustavo Coronel, Geólogo y Politólogo venezolano: *"The Nationalization of the Venezuelan Oil Industry"* y *"El petróleo viene de la Luna"*, dos certeros documentos de quien ha sido testigo presencial de la evolución de la industria petrolera venezolana a partir de la mitad del siglo XX.

una Ley Orgánica de Hacienda y el esmero en la pulcritud de la contabilidad pública.

En 1918, se aprobó la Ley Orgánica de Hacienda que dicta la eclosión de la centralización de las rentas nacionales.

Román Cárdenas logró la reorganización del servicio de Tesorería. Se dedicó a afrontar con decisión los retos que los cambios administrativos del Estado imponían a la Venezuela de entonces.

Cardenas promovió una nueva ley de impuesto sobre licores. También, su despacho eliminó el régimen de los contratos de las rentas nacionales, con ahorros sustanciales en los gastos del tesoro, y por lo tanto, incrementos en el ingreso. El 22 de junio de 1922 dejó su cargo en el Ministerio de Hacienda.

Gumersindo Torres, otro ilustre funcionario al servicio de Venezuela en la organización del Ministerio de Fomento desde 1917, señaló en su memoria del 19 de abril de 1918:

"En atención a que es tan importante el papel que desempeña el petróleo en la industria universal y tan seguro y halagador el porvenir de este artículo, el Ejecutivo Federal ha considerado prudente y juicioso el no aventurarse en el camino de las concesiones de contratos que le han sido propuestos, sin haber antes estudiado a fondo tan interesante cuestión a fin de que las determinaciones futuras sean el resultado de la completa posesión de cuantos conocimientos sean requeridos para juzgar con acierto y no dar lugar a que generaciones por venir tengan el derecho de hacernos cargos porque no supimos cuidar nuestra riqueza nacional".[30]

El fin de la Primera Guerra Mundial (1914-1918) despertó la ambición de los países victoriosos por privilegios y ventajas. La industrialización mundial demandó una ingente cantidad de energía proveniente del petróleo, y Venezuela fue protagonista de esa situación.

Los consorcios petroleros lograron consolidar importantes ganancias producto de la demanda de energía mundial, y no solo para las industrias, también resultaba esencial para el mantenimiento y operación de los aparatos bélicos de las potencias. Ya entonces la guerra se ganaba "con petróleo y con sangre".[31]

Las Leyes y Reglamentos sobre Hidrocarburos en Venezuela.

La palabra "petróleo" se utilizó por primera vez desde la promulgación del Código de Minas de 1904.[32] En su artículo 1 se señala: *"También se consideran minas, el asfalto, el betún, la brea, el petróleo y demás sustancias similares".*[33]

---

30 Archivo del Ministerio de Fomento, Memoria 1917, Caracas, p. XVI.

31 Sobre este tema se destacan tres obras clásicas: *"We Fight For Oil"* de Ludwell Denny, *"Oil Imperialism"* de Louis Fischer y *"El imperialismo del Petróleo y la paz mundial"* de Camilo Barcia Trelles.

32 Luis Vallenilla, *Petróleo Venezolano, Auge, declinación y devenir*, Caracas, Monteávila, 1976, p. 17.

33 *Idem.*

Los hidrocarburos, petróleo y sustancias afines, se sometieron en un principio a la legislación minera. En 1904, 1918 y 1920, se aprobaron Decretos Reglamentarios, hasta que el 30 de junio de 1920 se promulgó la primera "Ley sobre Hidrocarburos y demás Minerales Combustibles".

El 9 de octubre de 1918 se aprobó el Decreto Reglamentario del Carbón, Petróleo y Sustancias Similares, que estableció que los concesionarios no tenían derecho sobre los terrenos municipales. El Decreto fijó la regalía (pago que debe realizarse al Estado por concepto de la extracción de recursos naturales) entre un 8% y un 15%. Incluso señaló que una vez finalizada la concesión, las minas debían revertirse a la nación—con todos sus edificios, maquinarias y obras anexas—, sin pago alguno por parte del gobierno.

Ese reglamento era observado y administrado por la Dirección de Minas y la Dirección de Tierras Baldías, Industrias y Comercio, dependientes del Ministerio de Fomento. Ambas Direcciones fueron creadas por los decretos del ministro Gumersindo Torres, el 1 de julio de 1918. Tenían competencia sobre la adquisición, la exploración y la explotación minera y de sustancias que requirieran permisos y concesiones para ser aprovechadas.

Dos años más tarde, el 17 de marzo de 1920, se promulgó el segundo reglamento, y la Ley de Hidrocarburos de 1920 fue firmada el 30 de junio por el presidente que el general Juan Vicente Gómez, el autócrata de las primeras tres décadas del siglo XX venezolano, había colocado provisionalmente en el cargo. A Victorino Márquez Bustillos le correspondió estampar su rúbrica en el instrumento legal.

La Ley, cuyo arquitecto no era otro sino el Ministro Gumersindo Torres, pretendió salvaguardar los intereses nacionales frente a la expansión de las empresas petroleras que operaban en Venezuela. En ella se delimitó una definición precisa de los hidrocarburos:

"Artículo 1: Hidrocarburos . . . comprende todas las formaciones subterráneas del petróleo, asfalto, betún, brea, ozoquerita y resinas fósiles y los gases desprendidos de tales fomentaciones".[34]

Bajo esta Ley de 1920, los derechos de explotación otorgados no conferían la propiedad de los yacimientos, considerados bienes inmuebles, ni constituían desmembración de la propiedad inalienable de la nación.

De acuerdo al reglamento, el 50% de las concesiones de exploración pasaron a ser reservas nacionales y no podían ser traspasadas. No podían tener una extensión mayor de 10 mil hectáceras ni otorgarse más de seis permisos a una misma persona. La duración del permiso era de 2 años y solo podía seleccionarse la mitad de área concedida. De igual manera, los insumos importados por las empresas debían cancelar impuesto en las aduanas venezolanas.

En la Memoria al Congreso en 1919, el preclaro Gumersindo Torres afirmó:

---

[34]   Anibal Martínez, *Ob. Cit.*, p. 90.

"Acaso en un no muy lejano tiempo la industria petrolera de Venezuela alcanzará un notable desarrollo. La nueva fuente de riqueza creará también nuevas actividades, que acrecentarán nuestro progresivo desenvolvimiento y elevarán a mayor altura nuestra renta interna. Por este solo ramo, el país está frente a un porvenir brillante de holgura económica".[35]

La reacción de las empresas concesionarias que operaron en Venezuela no se hizo esperar. Señalaron que era injusto que no se les garantizara la explotación sobre lo que descubrían y que 200 hectáreas era muy poco para la exploración. También, consideraron que la obligatoriedad de enviar la información geológica al Estado era una intromisión en sus asuntos. Y las obligaciones fiscales, un causal de bancarrota.

El informe de la Comisión del Congreso nombrada para estudiar el Proyecto de Ley Sobre Hidrocarburos y demás minerales combustibles de 1920 señaló la importancia estratégica de las riquezas nacionales, lo que reafirmó que el gobierno tenía conocimiento pleno de no solo el potencial de las mismas, sino de la necesidad que tenían las potencias mundiales de energía.

Bajo ese conocimiento, que a todas luces dejaba claro cuán imprescindible se hacía la cuota de energía extraída del subsuelo, se pudo, sin duda, haber negociado mejores términos para Venezuela:

"El petróleo, el carbón y demás sustancias combustibles, son el nervio de la industria moderna y elementos

---

[35] Anibal Martínez, *Gumersindo Torres*, Caracas, Foninves, 1980, p. 69.

indispensables para la vida de los pueblos civilizados, como que sin ellos, ni su misma independencia está segura, porque los ejércitos y las armadas de nuestros días no pueden moverse sin la más amplia provisión de tan preciosas sustancias."[36]

Según los datos del Archivo del Ministerio de Hacienda, para 1920, la Caribbean, a través de 20 pozos, produjo 69.539 toneladas de petróleo crudo. La producción aumentaba considerablemente. Tan solo nueve meses después de su promulgación, las empresas petroleras extranjeras en Venezuela consiguieron que la Ley de Hidrocarburos fuera modificada, con un criterio favorable al resguardo de sus intereses. Los dueños de tierras que las consiguieron gracias al artículo 8 de dicha Ley, las vendían a las empresas establecidas en el país, directamente, a través de intermediarios, o de anuncios en los principales diarios de Londres o Nueva York.

La Ley de 1920 sufrió las modificaciones en las materias que las empresas consideraban críticas. Duró exactamente 352 días.

La nueva Ley, redactada por abogados venezolanos a sueldo de las empresas concesionarias, bajo el auspicio del General Juan Vicente Gómez, fue sancionada el 9 de junio de 1922. Esta Ley facilitó enormemente la entrega de concesiones y redujo los controles estatales. El negocio petrolero se consolidó en Venezuela gracias a la ambición de riquezas personales del general Gómez, y de su círculo de amistades y socios.

---

[36] Luis Vallenilla, *Ob. Cit.*, p. 27.

Esta vez no hubo limitaciones al número de permisos o extensión de las concesiones. La duración de las concesiones era de 40 años y la regalía era el 10%. Además, todos los instrumentos necesarios eran libres de ser importados sin pago aduanal.

El 24 de junio de 1922, Gumersindo Torres entregó el Ministerio de Fomento a Antonio Álamo.

Para 1922, la Caribbean extrajo del subsuelo venezolano 28.500 toneladas, a un promedio de 950 toneladas diarias[37]. Poseía 17 pozos capaces de producir 1.400 toneladas diarias de petróleo, una refinería mediana y numerosas concesiones por explorar. Los dos tanqueros de 1.200 toneladas para transportar la producción eran el "Presidente Bolívar" y el "Presidente Gómez".

El 14 de diciembre de 1922 reventó el pozo Barroso 2, en el estado Zulia. Durante nueve días arrojó de manera incontrolada unos 100.000 b/d. En aquel momento en el país se producían poco más de 6.000 b/d.

El 23 de marzo de 1923 se constituyó, en el estado de Delaware, la Venezuela Gulf Company (Gulf). Posteriormente esta compañía se convertiría en la Mene Grande. La Gulf gozó de importantes exoneraciones fiscales, que llegaron a casi el 75% de excepción sobre el total que le correspondía pagar como impuesto de explotación fijado por la Ley.

---

[37]   *Ibídem*, p. 132

En 1936, el total de los activos de la Venezuela Gulf Company pasó a manos de la Gulf Oil Corporation, establecida en Pittsburgh, estado de Pennsylvania, en los Estados Unidos de América.

La Gulf fue una empresa fundada en enero de 1901 en Texas, Estados Unidos de América, para explotar los primeros yacimientos en Spindletop. Su nombre se debe a que sus primeras operaciones se desarrollaron en el Golfo de México.[38]

En 1905, Gulf construyó un oleoducto de 413 millas (cerca de 665 kilómetros) para transportar petróleo del estado de Oklahoma a Port Arthur, Texas. En 1907, instaló el primer pozo en el agua en Ferry Lake, Louisiana. En 1913, Gulf introdujo el concepto de la primera estación de servicio para automóviles en Saint Clair Street, en la ciudad de Pittsburgh.

La Gulf fue la compañía que más adelante, hacia 1936, explotó el famoso campo Oficina-1 (OG-1) en el sur del estado Anzoátegui.

El 22 de junio de 1923 se estableció la Compañía Venezolana de Petróleo, con 5 millones de bolívares como capital, más Bs. 61.000 en efectivo, que fueron aportados por el Ministerio de Fomento. Con 100 acciones, el coronel Roberto Martínez fue el administrador de 400 acciones, y Lucio Baldó y Rafael González Rincones, los poseedores

---

[38] Anthony Sampson, *The seven sisters: The great oil companies & the world they shaped*, Nueva York, Viking Adult, 1976, p. 37.

de 300 acciones cada uno. Esta compañía comenzó en forma especialmente vertiginosa a acumular concesiones y ganancias. Sería llamada "Corporación Gómez".

En 1923, la Orinoco Oil Company, una compañía fundada también en el estado de Delaware (EUA), se registró en el Juzgado de Primera Instancia Mercantil del Distrito Federal, bajo el número 62.

La Lago Petroleum se estableció el 19 de junio de 1923, en la cuenca de Maracaibo. Esta compañía es particularmente importante porque fue la primera que exportó petróleo desde Venezuela. Luego resultó ser adquirida por la Standard Oil de New Jersey en 1932.

En 1924, ante el descalabro de la República de Weimar (el marco alemán había perdido 90% de su valor) la aspiración del general Gómez de atraer inversionistas alemanes se esfumó. De modo que la Standard Oil de New Jersey comenzó entonces a adquirir las concesiones de la "Corporación Gómez".

El general Gómez obtuvo Bs. 20 millones netos en ganancias, con lo cual compró haciendas y construyó Hotel Miramar en Macuto. La Standard Oil Company, a través de sus subsidiarias, adquirió la mayoría de las acciones de la Compañía Venezolana de Petróleo.

La situación de los trabajadores no era la más auspiciosa mientras el general Gómez y su círculo se enriquecían. En julio de 1925 los trabajadores de la industria petrolera se declararon en huelga, hecho que obligó a Gómez a enviar tropas para controlarlos. De esa huelga resultó un aumento del 20% a los jornales, es decir, cinco bolívares diarios.[39]

El salario de los obreros en la industria petrolera venezolana se había mantenido igual desde 1917, pese a que Venezuela era el sexto país productor a nivel mundial, con 54.611 barriles diarios para 1925[40]. El dirigente obrero que encabezó la protesta fue Augusto Malavé Villalba, oriundo de la isla de Margarita. Pese a la represión por parte del gobierno de Gómez, se obtuvo la mejora salarial.

Tres años después, una primera ola de estudiantes luchadores por la libertad irrumpió contra la dictadura. El espíritu de la "generación del 28" comenzó a propagarse.

> "En aquellos años, como reacción ante la dictadura de Gómez y en protesta por la presencia de empresas petroleras extranjeras en el país, tomó cuerpo en Venezuela una corriente ideológica nutrida en el marxismo, la cual influyó muy fuertemente sobre los jóvenes que formaron parte de la generación del 28. Muchos de esos hombres fueron grandes idealistas y pensaron que la revolución rusa llevaría a una sociedad más justa. Fue después de 1928 cuando se reveló abiertamente el carácter sanguinario y represivo de los bolcheviques."[41]

---

[39] *Ibídem*, p. 153.

[40] Memorias del Ministerio de Minas e Hidrocarburos, Caracas, Archivo del MMH, 1962, p. 24.

[41] Gustavo Coronel, *El Petróleo viene de la luna*, Bogotá, Amado González & Cía., p. 180.

En ese contexto, aquella fue una época particularmente significativa para el establecimiento de compañías extranjeras en Venezuela. La Richmond Petroleum Company, subsidiaria de la Standard Oil de California, se estableció en 1925. La Venezuela Atlantic Refining Company se inscribió en 1926. La Venezuela Pantepec Company se conformó en 1927, al igual que la Texas, que renunció a sus concesiones en Zulia, en 1931, para retomar operaciones en Monagas, en 1939.

Para el final de 1927, el petróleo alcanza el sitial de principal producto de exportación, con 3.836.475 toneladas métricas, por un valor de 192 millones de bolívares.[42]

La Ley de 1938 puso término a las exoneraciones de impuestos de importación y por primera vez se hizo referencia a que el Estado venezolano podía constituir empresas o institutos para explotar sus recursos petroleros.[43] Sin embargo, el gobierno del general López Contreras no propició la materialización de esas empresas ni la instalación de refinerías manejadas por el Estado.

Para el año 1938 apenas habían ingresado al fisco 110 millones de bolívares:

> "Los derechos de importación exonerados a la industria petrolera en ese mismo año llegaron a 95 millones de bolívares. En conclusión, Venezuela solo

---

[42]   Luis Vallenilla, *Ob. Cit.*, p. 92.
[43]   *Ibídem*, p. 98

había percibido ingresos petroleros reales por 15 millones de bolívares".[44]

En el país comenzó un paulatino despertar que llevaría a romper en pocos años con el letargo de veintisiete años de dictadura gomecista. Luego de una brutal represión, los derechos individuales, el ejercicio del sufragio y el derecho a la educación se vislumbraron en el horizonte del país. Pero Venezuela necesitaba aumentar sus ingresos fiscales. La nación contaba con una gran riqueza petrolera, pero los márgenes de ganancia sobre ésta eran muy limitados y la aspiración de iniciar un decidido desarrollo socioeconómico requería una base material sólida que aún no se concretaba en los números.

En ese año comenzó a observarse en la legislación una mayor preocupación por la calidad de los pozos y su cuidado:

"El Ejecutivo debe estar facultado para oponerse, por ejemplo, a la perforación de algún pozo determinado, como pudiera ser el caso que por mera competencia, como suele ocurrir en las explotaciones y ya ocurrió alguna vez en Venezuela, las compañías abusen del ejercicio de su derecho de perforar con perjuicio de los intereses del Estado, poniendo mayor o menor número de taladros tan próximos unos de otros, que arruinen o perjudiquen, por contrariar las reglas técnicas, algún campo petrolífero".[45]

---

[44] Jesus Prieto Soto, *Ob. Cit.*, p. 37.
[45] Memoria del Ministerio de Fomento de 1938, Caracas, 1939, pp. XI-XII.

Reviste un particular interés que en materia concesiones, el ministro de Fomento, Manuel R. Egaña, adelantó una política de recuperación sobre lotes ociosos y se dictaron resoluciones para el rescate de 3.879.553 hectáreas.[46]

Hasta 1943, el grueso de los ingresos fiscales que percibió el Estado venezolano producto de la explotación petrolera provenía de impuestos especiales contemplados en las Leyes de Hidrocarburos, en particular del impuesto de explotación o regalía, que aportaba el 60% del total.

Dos nuevos instrumentos legales, la Ley de Impuesto sobre la Renta de 1942 y la Ley de Hidrocarburos de 1943, redactados bajo la presidencia del general Isaías Medina Angarita, son fundamentales en la historia venezolana. Estos recursos legales garantizaron al país un mayor ingreso producto de la riqueza de su subsuelo.

En la notable obra *Petroleum in Venezuela: A history,* de Edwin Lieuwen, está presente una cita de un discurso del entonces presidente Isaías Medina Angarita. Ésta resume su posición y estrategia ante la nueva situación global producto de la Segunda Guerra Mundial, la avidez de energía por parte de las potencias y el rol del petróleo venezolano en ese grave entorno. En noviembre de 1942, en la calurosa ciudad de Maracaibo, Medina declaró:

"Este gobierno respeta los derechos legítimamente adquiridos y no ve como adversarias a las compañías que han aportado su capital para intensificar el desarrollo de nuestra

---

[46]   *Idem.*

riqueza natural, pero, es justo que Venezuela reciba una participación de los ingresos en correspondiencia con su rol de dueña del petróleo, y que su procesamiento industrial tenga como principal escenario el país, con el fin de multiplicar las oportunidades laborales para los trabajadores venezolanos. El gobierno no ataca, trata de convencer . . . Una justa satisfacción para la nación y un equilibrio estable para la industria existen sólo cuando los acuerdos están basados en la justicia y la equidad."[47]

La Ley de Impuesto sobre la Renta de 1942 fue redactada por una comisión integrada por Alfredo Machado Gómez (Ministro de Hacienda), Manuel R. Egaña, Julio Medina, César González, Aurelio Arreaza Arreaza, F.C. Salazar Mata, Rafael Pizani, Carlos D´Ascoli, Manuel Pérez Guerrero, Manuel María Márquez, hijo, y Pedro José González.

En su redacción se tomaron en cuenta recomendaciones de la Misión Económica y Financiera norteamericana que presidía Manuel Fox, y del Comité Fiscal de la Sociedad de Naciones en sus reuniones de La Haya (abril de 1940) y Ciudad de México (junio de 1940). [48] Esta Ley permitió contar con una nueva e importantísima fuente de ingresos al país.

"La producción petrolera, que había comenzado a recobrarse a fines de 1943, aumentó regularmente desde el comienzo de 1944, propulsada por las actividades

---

[47] Edwin Lieuwen, *Petroleum in Venezuela: A history*, Berkeley, University of California Press, 1954, p. 94.
[48] Luis Vallenilla, *Ob. Cit.*, p. 99.

en las áreas de nuevas concesiones, por la reactivación del transporte marítimo y la vigorosa reanimación de la demanda internacional. En el marco de tal restablecimiento, motivado por factores endógenos y exógenos, la producción experimentó aumentos de 21% en 1943, de 43% en 1944 y de 26% en 1945, causando incrementos en los ingresos fiscales petroleros de 59% en 1943, 93% en 1944 y de 31% en 1945. Es de observar que en el alza de las recaudaciones tributarias del petróleo obviamente influyó la Ley de Impuesto sobre la Renta sancionada el 17 de junio de 1942".[49]

La Ley de Hidrocarburos de 1943 constituye un hito en la historia petrolera venezolana debido a la discusión nacional en torno a sus disposiciones, bajo un encendido debate acerca del alcance que tuvo la intervención de las empresas concesionarias en su formulación.[50]

Al momento de su aprobación, el Ministro de Hacienda era el empresario Eugenio Mendoza. En sus memorias, Enrique Tejera París dice:

"Eugenio Mendoza gozaba además de una ilimitada capacidad de trabajo que lo acompañó desde que era un simple empleado de ferretería, apenas salido de primaria, hasta convertirse en ese fenómeno de la época, el venezolano galante y además millonario de primera generación, que podía sentirse igualmente bien en las casas más diversas, y tener

[49] Héctor Malavé Mata, *Historia Mínima de la Economía Venezolana*, Caracas, Fundación de los Trabajadores de Lagoven, 1997, p. 134.
[50] Con respecto a este punto quizás uno de los libros mejor documentados es "*EEUU en Venezuela: 1945-1948*" de la historiadora Margarita López Maya, editado por la Universidad Central de Venezuela en 1996.

naturalidad junto a personas de cualquier clase social. Jamás ni él ni Luisa aceptaron nuevorriquismo a su alrededor.

Eugenio practicaba virtudes esenciales: era patriota y prudente. "Yo reinvierto todo el Venezuela, no me estoy llevando los reales", me dijo una vez. Con Mendoza comprobé que no se pueden violentar las vocaciones, ni los genes. Aunque ya había sido buen ministro Ministro de Fomento y como tal presidió la reforma petrolera de Medina, su vocación era la de hombre de negocios nato, como la de otros puede ser la de ebanisterista, la política o el ejército. Transferirse de una a otra, o peor aún combinarlas, es traumático y ciertamente contraproducente."[51]

La comisión del Congreso Nacional que se encargó del estudio de Ley estuvo compuesta desde el Senado por: Manuel Simón Itriago, Julio Medina Angarita, Manuel R. Egaña, José Martorano Battisti, Aníbal Paradisi, Luis G. Pietri, J.M. Padilla y Pedro París.

En la Cámara de Diputados: Alfonso Espinoza, L.A. Celis Paredes, Vicente Millán Delpretti, Enrique Pimentel Parilli, José Nicomedes Rivas, Juan José Palacios, José Salazar Domínguez, Rosendo Lozada Hernández, Julio Diez, Juan Pablo Pérez Alfonzo y Luis E. Santos Estella.[52]

La experiencia y amplios conocimientos de Edmundo Luongo Cabello, Luis Herrera Figueredo, José Martorano,

---

[51] Enrique Tejera París, *Gobierno en mano, Memorias (1958-1963)*, Caracas, Libros Marcados, 2009, p. 15.
[52] *Ibídem*, p. 101.

Carlos Pérez de la Cova y Pedro Ignacio Arreguevere. Ellos fueron consejeros del gobierno del general Medina en la material petrolera.

"Lo conveniente para el país era atraer nuevos explotadores, porque, fuera de otras diversas razones, la competencia que surgiría entre ellos permitiría a la nación venezolana exigir mejores condiciones para el otorgamiento de las concesiones (. . .) Anhelo justo de los venezolanos era que el petróleo producido en nuestro país fuera refinado en nuestro propio suelo, para crear una nueva fuente de trabajo (…) Llamé al Dr. Gustavo Manrique Pacanins, para ese momento Procurador General de la Nación (. . .) le expuse el fervoroso deseo que tenía de cambiar la situación de la industria petrolera en el país; (. . .) y le signifiqué, claramente, que mi gobierno, por ningún respecto, desconocería los derechos que estuvieran legítimamente amparados por nuestras leyes (. . .) porque más perjuicio se le ocasionaría al país con procedimientos arbitrarios y fuera de la ley, que dejando de percibir lo que en equidad, pero no en un estricto derecho, pudiéramos esperar."[53]

Uno de los puntos más cuestionados de la Ley de Hidrocarburos de 1943 fue que las concesiones se extendieron 40 años. Igualmente, señaló como necesario el fomento de la construcción de refinerías en el país.

Esta Ley esbozó por vez primera el principio de que las ganancias de Venezuela y de las compañías extranjeras en los

[53] Isaías Medina Angarita, *Cuatro Años de Democracia*, Caracas, Pensamiento Vivo Editores, 1973, p. 79.

beneficios de la industria deberían equivaler al 50% y 50% para cada parte. Sin embargo, la normativa de la Ley impidió que esto se llevara a la práctica.

Corresponde explicar en detalle para aclarar a qué hacemos referencia. Luego de la aprobación de la Ley de Hidrocarburos de 1943, se implementó el decreto 112 de diciembre de 1945 y una reforma adicional que procuraba aumentar la utilidad mediante un impuesto complementario en el año 1946.

Para asegurar que el Estado recibiera utilidades netas similares a las de las compañías concesionarias se aumentó la tarifa del llamado impuesto complementario. Pero no se tomó en cuenta que al producirse fluctuaciones en los precios del petróleo, en los materiales necesarios para la industria y en los salarios, las utilidades de las empresas sufrirían una consecuente alteración.

La solución fue crear un impuesto adicional sobre el exceso de las ganancias que obtuvieran las empresas por encima de los impuestos pagados a la nación. Así, por Ley, la participación de la nación en ningún caso podría ser menor que la de las empresas. El Ministro de Hacienda, Dr. Manuel Pérez Guerrero expuso los detalles a la Cámara de Diputados en 1948.

En efecto, el 12 de noviembre de 1948, bajo la presidencia de Rómulo Gallegos, la modificación parcial de la Ley de Impuesto sobre la Renta de 1942, con la adición del artículo

31, capítulo XI, aumentó la recaudación fiscal proveniente del petróleo pues estipuló que:

"Si después de deducido el impuesto cedular y el complementario, la renta restante excede de la suma de los impuestos causados por razón de las actividades de la industria durante el año gravable, tal excedente estará sujeto a un impuesto adicional del cincuenta por ciento (50 por ciento)".

Con esta modificación Venezuela aplicó el llamado "fifty-fifty", es decir, el impuesto adicional al sector petrolero que consistió en el reparto de 50 por ciento de las utilidades entre el fisco y las empresas extranjeras, que disfrutaban para 1944, del 57% de las utilidades. Este fue fenómeno inédito en la historia petrolera mundial.

Pero, al final de la década de los años 40 y el comienzo de la de los años 50 persistió la turbulencia en el ambiente político. Luego del derrocamiento de Rómulo Gallegos, la intriga dentro de las dos Juntas de Gobierno sucesivas y la instauración de una dictadura militarista, marcaron la historia del país.

Los acontecimientos en el Medio Oriente, en especial la decisión del Shah de Irán de nacionalizar la industria petrolera en 1951 (la enorme Anglo Iranian, filial de British Petroleum), produjeron a Venezuela un importante impulso en inversión y ganancias.

En 1955, en pleno mandato del general Pérez Jiménez, la reforma a la Ley de Hidrocarburos contempló la regulación en la profundidad a la que podía explorarse una concesión (100 metros) y estipuló un máximo de tres años para que los datos sobre las áreas exploradas por las empresas extranjeras se remitieran al Estado.

En 1957, el gobierno de Pérez Jiménez entregó en concesión cerca de 821.091 hectáreas. De éstas, 311.264 eran para la exploración y 509.827 para explotación. Para 1960, de las 821.091 hectáreas asignadas, las compañías concesionarias conservaron 271.000.[54]

Súbitamente 2.000 millones de bolívares ingresaron a las arcas nacionales. En toda la década de los años 40 el fisco había percibido 2.050 millones de bolívares. La población había crecido, entre 1950 y 1957 a un 4% interanual. La tasa de mortalidad bajó ostensiblemente por el control del paludismo y mejores condiciones sanitarias.

Pese a esto, señala el académico Héctor Silva Michelena:

"Puede decirse que desde 1952 a 1955 la situación fiscal era equilibrada, y este último año se obtuvo apenas un superávit de 9 millones de bolívares, punto bajo de una tendencia descendente iniciada en 1953, cuando el superávit era de 129 millones de bolívares, recordemos que este duro declive fue remontado fuertemente en los años 1956-1957 en virtud de las nuevas concesiones petroleras. Por otra parte, la deuda pública registrada por el gobierno de Pérez Jiménez

---

[54] Revista de Minas e Hidrocarburos, Año VIII, N° 22, p. 30-33.

no tuvo mayor peso sobre el Tesoro Nacional. Sin embargo, después del derrocamiento de la dictadura, varias fuentes de opinión pusieron al descubierto que aquella situación fiscal bonancible era una ficción, ya que no obstante el elevado saldo de tesorería se mantenían deudas ocultas que superaban en unas dos veces las disponibilidades del Tesoro Nacional en 1957."[55]

Pese a la significativa cantidad de dinero que ingresó, el endeudamiento de las arcas nacionales fue otro saldo de la dictadura. La crisis del canal de Suez en 1956, fue otro conflictivo suceso internacional que favoreció a Venezuela. Debido a la compleja situación en Egipto bajo el gobierno de Nasser, las empresas extranjeras solicitaron más concesiones para explorar y extraer petróleo en Venezuela. La dictadura de Pérez Jiménez, en aprietos fiscales, las concedió de inmediato.

Las empresas concesionarias pagaron entonces al Estado 1.046 millones de bolívares en 1956 y 1.202 millones de bolívares en 1957[56] (La tasa de cambio era de Bs. 3,33 por cada dólar estadounidense).[57]

Los comienzos de la exploración y asentamiento en el

[55] Héctor Silva Michelena, *Historia mínima de la Economía venezolana*, Caracas, Fundación de los Trabajadores de Lagoven, 1997, p. 148.
[56] Héctor Malavé Mata, *Historia mínima de la Economía venezolana*, Caracas, Fundación de los Trabajadores de Lagoven, 1997, p. 140.
[57] José Giacopini Zárraga, en su obra *"Antecedentes históricos de la industria petrolera nacional"* señala que el monto total de ingresos por estas concesiones, expresado en dólares estadounidenses, ascendió a $685 millones.

Oriente venezolano.

En 1928, Venezuela produjo más de 290.000 b/d, de los que exportó unos 275.000 b/d. El país se ubicaba como el segundo productor mundial de petróleo y su cliente más importante, y del cual provenían la mayor parte de sus recursos, tal como ocurre en la actualidad (2010), era los Estados Unidos de América.

El 1 de junio de 1928, la New York & Bermudez Company descubrió el pozo Moneb Número 1, en el que se encontraba una acumulación gigantesca de petróleo cerca de Quiriquire, en el estado Monagas. El futuro del Oriente venezolano, tras este hallazgo, resultaba sumamente alentador.

El 16 de septiembre de 1929, Gumersindo Torres, luego de servir al país como diplomático ante los reinos de España y de los Países Bajos, es nombrado de nuevo titular del Ministerio de Fomento.

El 13 de julio de 1928 se decretó la Ley de Vigilancia para impedir la contaminación de las aguas por el petróleo, pionera en el régimen legal del ambiente venezolano. Su letra determinó como responsables de los derrames a las personas naturales o compañías explotadoras de concesiones de hidrocarburos, y a quienes transportaban dichas sustancias.

El eficaz funcionario insistió en regular la actividad de las empresas petroleras, y entre otras medidas, fijó los impuestos aplicables a 116 concesiones sublacustres en el Lago de

Maracaibo. El Ministerio de Fomento exigió a las empresas petroleras comprometerse con la salud de sus empleados.

El 29 de octubre de 1929 se produjo la caída estrepitosa del mercado financiero de la Bolsa de Nueva York, y esta situación tuvo efecto en los números de las empresas matrices en los Estados Unidos de América de varias de las compañías establecidas en Venezuela.

Para el 31 de octubre de 1929, hubo 108 compañías petroleras registradas en el Ministerio de Fomento. De éstas solo 14 extraían petróleo crudo:

"Caribbean Petroleum, Venezuela Gulf, Lago Petroleum, Venezuelan Oil Concessions, Colon Development, Richmond Petroleum, Standard Oil de Venezuela, American-British Oil, Central Area Explotation, Rio Palmar, British Controlled Oilfields, New York & Bermudez Company y Tocuyo Oilfields. La refinería de San Lorenzo era la mayor del país, pues procesaba medio millón de toneladas anuales, pero también operaba pequeñas plantas de la Colón Development en Casigua por los campos de Tarra y de West India Oil en La Arreaga".[58]

En ese momento la extracción de petróleo era de casi 20 millones de toneladas, de las cuales 19 millones se destinaba a la exportación a través de seis compañías: Caribbean Petroleum, la Gulf, la Lago Petroleum Company, la Venezuelan Oil Concessions, la British Controlled Oilfields y la New York & Bermúdez.

---

[58]   *Ibídem*, p. 167.

La refinería de la isla de Aruba se construyó en 1929, bajo la operación de La Lago Petroleum Company. La Standard Oil utilizaba la refinería de La Salina en Venezuela. La Gulf y la Standard de Indiana enviaron el petróleo venezolano a sus refinerías en Estados Unidos de América, ubicadas en el Golfo de México, pero el descenso en la demanda de estas refinerías por la explotación en el estado de Texas obligó a que se utilizaran las refinerías de Curazao y de Tampico (México).

La refinería en Aruba se encargó de procesar los cargamentos de petróleo venezolano de una manera más expedita. Existe un debate sobre si al general Juan Vicente Gómez le interesó o no propiciar la instalación de más refinerías en Venezuela. Rómulo Betancourt, en su obra *"Venezuela: Política y Petróleo"* cita a Ludwell Denny y su emblemática *"We fight for oil"*, y afirma que el régimen gomecista en efecto deseaba instalar dichas factorías en territorio nacional. Sobre este particular cabe señalar que para la Royal Dutch Shell indudablemente resultaba mucho más conveniente operar en territorios pertenecientes a Holanda (Aruba y Curazao), y desde allí procesar y comercializar el crudo venezolano.

De ese modo, ambos territorios, Curazao (que ya tenía su refinería desde 1916), y la isla de Aruba, se beneficiaron enormemente del petróleo venezolano, con un amplio margen de ganancia que fue a parar a sus economías. Esto, mientras en Venezuela muchos trabajadores no podían acceder al mercado de trabajo provisto por la riqueza del subsuelo de su patria.

En 1928, las principales empresas petroleras del mundo, Royal Dutch Shell, Standard Oil y Anglo-Iranian, celebraron el Acuerdo de Achnacarry, que inició una época de cooperación dentro de una moderada competencia, mejorando así las relaciones entre las tres compañías:

"La superproducción de petróleo, imperante a partir de 1925, había desatado una guerra de precios entre la Royal Dutch Shell y la Standard Oil Company de New Jersey, especialmente en la India y en Gran Bretaña, que afectaba los intereses de ambas. Ante la situación, el Acuerdo de Achnacarry tiene por objeto acabar con la mencionada guerra de precios estabilizando los mercados; recomienda para ello, satisfacer el consumo de una determinada zona geográfica con la producción de la misma, la reducción de la producción en las regiones donde hayan excedentes, el control de la producción futura y la fijación de los precios del petróleo con base a los precios de referencia del Golfo de México, sin tomar en cuenta el origen real del producto." [59]

En cuanto a la producción, cabe señalar que más adelante, las empresas petroleras colaboraron con la educación de técnicos e ingenieros petroleros, incentivando la investigación y el desarrollo de nuevos métodos. En Venezuela, esta contribución constituye un aspecto de indudable valor para nuestro acervo científico-tecnológico.

La Standard Oil tenía grandes esperanzas en el campo de Quiriquire (estado Monagas). El 13 de otubre de 1931, la compañía inauguró la refinería de Caripito con un terminal

[59] Luis Vallenilla, *Ob. Cit.,* p. 39.

de embarque en el río San Juan para servir a los campos de Quiriquire, Jusepín y Temblador. El lecho del río requería de un dragado constante para permitir el paso de los tanqueros.

En cuanto a la salud pública en el campo, destaca el comunicado que el Ministro Gumersindo Torres envió un a la Standard Oil, fechado el 25 de junio de 1930. Allí se le requirió a la compañía mejorar sus servicios de hospitalización en el lugar.

El ministro otorgó un plazo de dos meses para que la compañía Standard Oil acondicionara el servicio médico de Quiriquire y pusiera en marcha un hospital en Caripito. Este debía contar con el personal suficiente y estar a disposición de todos los pobladores.

El 16 de julio de 1930, en Gaceta Oficial 17.169[60], el Ministro de Fomento creó el organismo fiscalizador de la industria petrolera venezolana, el Servicio Técnico de Hidrocarburos.

Los inspectores nombrados por el Servicio se ubicaron respectivamente en Coro (con jurisdicción en los estados Falcón, Lara y Yaracuy), Maracaibo (con jurisdicción en los estados Zulia, Trujillo, Mérida y Táchira) y Maturín (con jurisdicción en los estados Monagas, Anzoátegui, Sucre y el Territorio Federal Delta Amacuro).

---

[60] Gaceta Oficial 17169, 16 de julio de 1930, Caracas, Imprenta Nacional.

El cargo de inspector del Servicio Técnico de Hidrocarburos requería la nacionalidad venezolana y la profesión de ingeniero, con conocimiento de la legislación y la materia petrolera. Para los cargos fueron designados el ingeniero Eneas Iturbe (Coro), el geólogo Guillermo Zuloaga (Maracaibo) y el ingeniero Pablo Carranza (Maturín)[61].

En noviembre de 1930, el ministro Gumersindo Torres autorizó el envío de los jóvenes Edmundo Luongo, Abel Monsalve y José Antonio Delgado Figueredo a la Universidad de Oklahoma en Norman.

Dos décadas más tarde, un gran venezolano, el Dr. Gustavo Inciarte, estudió ingeniería en esa extraordinaria Universidad. Sobre esta brillante figura de la historia petrolera venezolana, es propicio citar un escrito del Dr. Gustavo Coronel:

(. . .) Gustavo Inciarte era un ingeniero enamorado de su profesión y, aunque ocupó las más altas posiciones gerenciales en la industria: miembro de la Junta Directiva de PDVSA (1995-1998) y presidente de INTEVEP, entre otras altas responsabilidades, nunca dejó de ser un ingeniero destacadísimo. Fue presidente en 1999 de la International Society of Petroleum Engineers y su reputación internacional siempre estuvo a la par de su reputación doméstica. En la Universidad de Oklahoma fue el principal motor y miembro de la junta directiva del Instituto Energético de las Américas.

---

[61]   *Idem.*

Gustavo se graduó de ingeniero petrolero en la Universidad de Oklahoma en Norman en 1957. Tenía 19 años. Como becario Shell se fue a trabajar a Lagunillas apenas recbió su diploma. Fue el primer venezolano que llegó a ser Jefe del Departamento de Ingeniería de Producción y allí se convirtió en pionero de la recuperación secundaria de petróleos pesados mediante la inyección de vapor. Desde allí promovió, en 1968, la creación del Instituto de Investigación Petrolera de la Universidad del Zulia, que luego se convirtió, con el liderazgo de otro grande, Efraín Barberii y otros ingenieros de Shell como Rincón y Finol, en facultad de post-grado de Ingeniería Petrolera de la universidad."[62]

Los estudiantes Siro Vásquez, Manuel Guadalajara y Jorge Hernández a la Universidad de Tulsa. [63] Regresarían en 1933 para ocupar sus puestos como inspectores en las zonas de producción petrolera.

El Dr. Gustavo Coronel también hace un extraordinario aporte a esta investigación: "El viaje de estos tres estudiantes tiene gran valor de antropología cultural porque ellos iniciaron un flujo de venezolanos a Tulsa, que continúa hoy y que debe estar en el orden de más de mil ex-alumnos en estos ochenta años. Muchos de ellos fueron becarios Creole, Shell, Texaco, etc . . . y regresaron, casi todos, a servir a la industria venezolana".

[62]   Lea el escrito del Dr. Gustavo Coronel, y un artículo del Dr. Gustavo Inciarte en Energy Tribune en: http://lasarmasdecoronel.blogspot.com/2010/01/gustavo-inciarte-la-muerte-de-un.html

[63]   Jesús Prieto Soto, *Arriba Juan Pablo*, Maracaibo, Impresora Nacional, 1982, p. 16.

La Ley de Hidrocarburos de 1928 contempló legalmente la fiscalización ejercida por el Servicio Técnico de Hidrocarburos. Las compañías petroleras manifestaron dudas acerca de la capacidad de los inspectores técnicos venezolanos y protestaron la contraloría de la que eran objeto. El ministro Torres instruyó al Servicio para que mantuviese la vigilancia de cada pozo.

Dada la situación financiera en los Estados Unidos de América producto de la crisis de los mercados en Wall Street, en noviembre de 1930 muchas operaciones petroleras en Venezuela se detuvieron.

El desempleo produjo protestas en los campos y trajo consigo represión. Varias escenas se dibujaron en las novelas "la bella y la fiera" de Rufino Blanco Fombona y "Odisea de Tierra Firme" de Mariano Picón Salas. Ambas critican abiertamente los despidos que ocasionó la crisis financiera de 1930 en las empresas concesionarias y los manejos de la dictadura gomecista.

"En noviembre de 1930, respondiendo al efecto exterior de la depresión económica en los Estados Unidos, las operaciones de la industria petrolera venezolana se vieron seriamente afectadas. Las compañías tuvieron que bajar el nivel de producción, por lo cual comenzaron a despedir a gran número de trabajadores. Algunos grupos aislados en la costa oriental del Lago de Maracaibo trataron de promover huelgas en señal de protesta y para obtener beneficios perdidos, sin éxito".[64]

---

[64] Aníbal Martínez, *Gumersindo...*, p. 218.

La situación económica producto de la crisis de 1929 fue precursora de importantes turbulencias en el resto del mundo. El historiador Robert Alexander Clarke (R.A.C.) Parker se refiere lo que ocurrió en Asia Oriental:

"Mientras el panorama se tornaba amenazador en Europa, en Extremo Oriente nació también el peligro de que se produjeran cambios y conflictos, debido al surgimiento de un Japón agresivo y militarista, dispuesto a usar la fuerza para conseguir sus pretensiones en China. La crisis económica de los Estados Unidos tuvo efectos inmediatos sobre la situación de Japón. La población japonesa estaba creciendo muy rápidamente: cerca de un millón anual a finales de la década de los veinte. Para poder seguir ofreciendo a esta creciente población un nivel de vida cada vez más alto (aunque aún muy bajo) era necesario un crecimiento industrial continuo. Hacia 1929, el 43 por 100 de las exportaciones japonesas se dirigían a los Estados Unidos. La exportación a los Estados Unidos más importante, la de seda en rama, se redujo entre 1929 y 1931 a cerca de la mitad. La disminución subsiguiente en la renta de los productores japoneses provocó una dismución en la demanda de bienes manufacturados. En 1931, la producción industrial era un 9 por 100 inferior a la de 1929, y entre 1929 y 1931 las exportaciones japonesas descendieron en un 40 por 100. Mientras tanto, los gobernantes intentaban mantener bajos los precios adoptando medidas deflacionarias entre las cuales se contaba una limitación del gasto público que afectaba también a los gastos de armamento. La deflación se hizo impopular entre los productores y también entre los militares. A partir de 1931, los militares japoneses influyeron, controlaron e ignoraron las actividades de los gobernantes civiles. Los oficiales adoptaron el punto de vista, más acentuado entre los jóvenes que entre muchos de los más antiguos, de que los problemas económicos de Japón podían solucionarse políticamente y la prosperidad conseguirse a la fuerza".[65]

La crisis del Extremo Oriente de 1931-1933, que consistió en la invasión japonesa a Manchuria, puso fin a las esperanzas de un mundo en paz, seguridad y orden. Venezuela no estaría alejada de los conflictos por venir.

El 7 de agosto de 1930 se dictó el Reglamento de la Ley de Hidrocarburos de 1928, que estipuló que las compañías petroleras debían solicitar al Ministerio de Fomento permiso para perforar pozos o cementar sus tuberías, y que el petróleo crudo debía ser inspeccionado por los inspectores del Servicio Técnico de Hidrocarburos.

Con información proveniente de un debate en el Congreso de los Estados Unidos de América, con respecto a los costos del petróleo extranjero, Gumersindo Torres detectó irregularidades en las cantidades declaradas ante el gobierno venezolano.

"Por ejemplo, Standard Oil de Indiana daba en Venezuela como costo de transporte por barril 0,68 centavos de dólar y a la Comisión de Tarifas del Senado estadounidense lo establecía en 0,33 centavos de dólar".[66]

[65] R.A.C. Parker, *Europa 1918-1945*, México, Siglo veintiuno editores, 1978, p. 283.
[66] Aníbal Martínez, *Gumersindo…*, p. 18.

En junio de 1931, el ministro Gumersindo Torres denunció a las empresas Standard Oil de Indiana y Gulf por presentar estados financieros falsos. Exige el pago de 26 y 31 millones de bolívares, respectivamente, e hizo una denuncia sustentada en las cifras sobre la exoneración de los impuestos de aduana:

"En el hecho, Venezuela solo participa de su riqueza petrolera en los impuestos superficiales y de explotación, reducidos éstos a lo mínimo en muchos casos y, en cambio, ha favorecido de modo excepcionalísimo a la industria petrolera por la exoneración de los derechos de importación de las maquinarias, útiles de la industria, por toda la vida de la concesión. El monto de las exoneraciones asciende en diez años a la cantidad de Bs. 233.359.462,06 y los impuestos recaudados en igual período montan a la cantidad de Bs. 171.952.126,10. De la comparación de estos guarismos resulta el cálculo desconsolador de que habría sido preferible no cobrar impuesto alguno de explotación a cambio de los derechos de aduana exonerados".[67]

Los precios de los combustibles en Venezuela también fue un punto que discutió Gumersindo Torres en su segunda gestión al frente del Ministerio de Fomento. La posición de Torres fue la de catalogar como inverosímil el hecho de que el segundo país productor de petróleo en el mundo tuviese precios tan altos del combustible

---

[67] *Ibídem*, p. 16.

"El precio mínimo del combustible en Venezuela era de Bs. 0,45 por litro, pero revisando en otras 23 ciudades, los precios llegaban hasta bs. 1"[68]

Desde la Universidad de Cambridge, B.S. McBeth, en su investigación "Juan Vicente Gomez and the Oil Companies in Venezuela" señala al respecto:

"En Argentina el precio del combustible era de Bs. 0,40 por litro. Incluso en países no productores como el Reino Unido, Francia y Alemania existían precios de bs. 0.20 por litro. Era un hecho conocido que el costo de producir combustible en Venezuela era de bs. 0,06 a 0,08 por litro, con un pequeño impuesto de venta de bs. 0,03. Esto significa que los precios que pagaban los venezolanos por combustible estaban inflados.

El argumento de las compañías fue que en un mercado tan pequeño existían dificultades para transportar el combustible y por eso no podían venderlo más barato, pero finalmente acordaron una reducción de bs. 0,05 por litro."[69]

El 23 de febrero de 1933 comenzaron las operaciones de perforación en el campo Oficina-1 (OG-1) ubicado en el centro del estado Anzoátegui, en la llamada "Mesa de Guanipa". La Gulf Company, que posteriormente sería la Mene Grande, se encargó de esta área de concesiones. La

---

[68]   Memorias Ministerio de Fomento, 1930, p. ii.

[69]   B.S. McBeth, "*Juan Vicente Gomez and the Oil Companies in Venezuela*", Cambridge University Press, 2003, p. 198.

Gulf Company tenía, desde 1927, oficinas en la ciudad de Barcelona.

La población de El Tigre provino de un grupo de casas que se encontraba en el centro del estado Anzoátegui, en el cruce de caminos entre Barcelona, Ciudad Bolívar y Valle de La Pascua, hacia el centro del país.

En 1933, luego de varios años como asiento de distintos campamentos exploratorios petroleros, ocurrió la fundación formal de la ciudad de El Tigre. Las siglas OG-1 corresponden a la "O" por la oficina de telégrafo instalada desde Cipriano Castro que servía de medio de comunicación a los comerciantes de ganado que transitaban por la mesa de Guanipa, ubicada en lo que es hoy en día el centro de El Tigrito, "G" por la Gulf, y "1", por ser el primer pozo.

Para 1941, El Tigre llegó a contar con 12.768 habitantes[70], cifra que se duplicaría tan solo 9 años después producto del impresionante crecimiento de las actividades petroleras en la región.

El 17 de junio de 1935 fue sancionada una nueva Ley de Hidrocarburos, en la que se autorizó por vez primera al Estado a desarrollar directamente actividades petroleras mediante la creación de empresas o institutos autónomos. Con esta nueva Ley se incrementaron las regalías para nuevas concesiones otorgadas sobre reservas nacionales, y se elevaron los impuestos de exploración y el inicial de explotación, bajo

---

[70] Instituto Nacional de Estadística, *Censo 1941-1961, El Tigre, estado Anzoátegui,* Caracas, INE, 2009, p.1.

la figura de las llamadas Ventajas Especiales, que dotaron a la nación de mejores condiciones para negociar con las empresas concesionarias.

El 17 de diciembre de 1935 murió el General Juan Vicente Gómez, y el General Eleazar López Contreras asume la presidencia de la República, hasta el 5 de mayo de 1941.

En su gobierno se promulgó la Ley del Trabajo del 16 de julio de 1936, que reguló las relaciones obrero-patronales, estableció la jornada de 8 horas y las semanas de 48 horas laborales para los obreros, las indemnizaciones por despido y antigüedad, la libertad de formar organizaciones sindicales, el seguro social obligatorio y las vacaciones o descanso anual.

El 27 de febrero de 1936 se constituyó el Sindicato de Obreros y Empleados Petroleros de Cabimas, y ese mismo año ya se producían 154.639.494 barriles anuales.[71]

Los trabajadores de la región de Cabimas y Lagunillas se declararon en huelga el 11 de diciembre de 1936 hasta el 22 de enero de 1937. Reclamaban la igualdad entre venezolanos y extranjeros, agua potable en los campamentos, el reenganche de obreros despedidos por las huelgas de junio de aquel año, un mejor salario (estimado en Bs. 10, unos 3 dólares al cambio), aumento de 25% en salarios a los que no vivieran en casas propiedad de la compañía y la exoneración de pago del alquiler.

---

[71] Luis Vallenilla, *Ob. Cit.* p. 88.

Los trabajadores petroleros del oriente del país no se sumaron al cese de actividades, pero por el peso específico de la producción en el occidente, se produjeron importantes pérdidas fiscales para el presupuesto nacional.

El gobierno de López Contreras no respaldó las reivindicaciones de los obreros del occidente del país. Las empresas rechazaron las peticiones y denunciaron a los obreros que consideraban revoltosos. El gobierno venezolano solo participó en las negociaciones para que las empresas concedieran un aumento inferior a lo demandado.

El 18 de marzo de 1938, luego de que el gobierno mexicano reclamara sin éxito mejores condiciones para aquel país y para sus obreros, el presidente Lázaro Cárdenas del Río firmó un Decreto Ejecutivo que expropió a las empresas petroleras extranjeras.

México no era un país monoproductor y solo el 10% de sus ingresos fiscales provenían del petróleo. Las condiciones para tomar las riendas de su industria petrolera eran favorables. Las empresas petroleras extranjeras no cedieron ante numerosas reivindicaciones mexicanas. Las relaciones diplomáticas entre México y el Reino Unido sufrieron una interrupción.

En 15 años, México pagó las deudas producto del decreto de expropiación, con dinero proveniente de su subsuelo.

Para 1938, los ingresos fiscales provenientes del petróleo en Venezuela ascendían al 35% del total. Solo 10 años después, es decir, en 1948, la cifra se elevaría a un 65%, momento histórico en el que se firmaría el primer contrato colectivo de la industria petrolera venezolana.[72]

El inicio de las operaciones del Banco Central de Venezuela el 15 de octubre de 1940, es un elemento destacable de este período. Uno de sus arquitectos, el Dr. Manuel R. Egaña, resume en un argumento la importancia de un banco emisor autónomo y responsable:

"El manejo de una política monetaria de una nación debe estar en manos de una autoridad monetaria central que evite la improvisación y desarrolle estrategias para el control de la inflación y la estabilidad de la moneda en función del interés nacional." [73]

---

[72]   *Idem.*
[73]   Luis Xavier Grisanti, "*Manuel R. Egaña*", Caracas, Biblioteca Biográfica Venezolana, 2007, p. 76.

El descubrimiento de Jusepín-1.

El 13 de octubre de 1938, la Standard Oil comenzó a explotar el pozo Jusepín-1, una de las grandes acumulaciones de petróleo en Venezuela, a 35 kilómetros al Oeste de Maturín. Desde 1931, esta compañía centró sus operaciones en Caripito, y de allí se organizaban las operaciones de exploración.

Para 1939, ubicada a 40 kms. al oeste de Maturín, la localidad de Jusepín en el estado Monagas ya contaba con calles asfaltadas y electricidad. La Creole había construido las primeras viviendas para trabajadores, y la población aumentaba en forma significativa.

Estos desarrollos urbanos inevitablemente atraían y originaban los llamados "Pueblo a juro" que eran caseríos en los que se asentaban quellos que buscaban oportunidad de trabajo en la industria petrolera.

A tan solo 25 kms. al oeste de Jusepín se constituyó Punta de Mata. Allí, las compañías Sinclair y la Gulf (posterior Mene Grande) establecieron sus campamentos Norte (para los directivos y técnicos) y Sur (para los obreros). Este tipo de clasificación fue adquirida a modo de convención en los demás campos petroleros.

Sobre los campos petroleros en Venezuela podemos revisar la afirmación del arquitecto Alfredo Cilento Sarli:

"Los campamentos petroleros pasaron a ser un elemento clave en la historia del petróleo en Venezuela y uno de los alimentos de la crítica social a la industria petrolera, a partir de los años 20. Desde el inicio eran núcleos residenciales aislados donde "la cerca" era al mismo tiempo, el símbolo y la barrera que separaba las distintas zonas del campamento según la categoría de los trabajadores (directivos, técnicos y obreros) y al propio campamento del exterior. Especies de enclaves autoabastecidos, en los que el otro símbolo era el "comisariato" (la gran tienda de víveres) que, incialmente, una imperiosa necesidad de los empleados y obreros petroleros, que trabajaban en zonas despobladas y remotas, donde no existía ninguna clase de servicios".[74]

El "Tar Belt" (Cinturón Bituminoso, de la Brea o del Alquitrán) y los estudios del Dr. Klark.

Ubicado en el caserío rural La Canoa, estado Anzoátegui, este pozo es el primero que perfora la empresa Standard Oil de Venezuela en la zona de la Faja Petrolífera del Orinoco, el 7 de enero de 1936. Alcanzó una profundidad total de 3.855 pies (1.175 metros), y se ubicaron en él arenas delgadas saturadas de petróleo extrapesado. Este pozo es, formalmente, el primero que se perforó en el desde entonces llamado "Tar Belt" (Cinturón Bituminoso, de la Brea o del Alquitrán), está ubicado aproximadamente a 30 kms al sureste de El Tigre, a

---

[74] Alfredo Cilento Sarli, "Infraestructura petrolera en Venezuela 1917-1975", en: Juan José Martín Frechilla y Yolanda Texera Arnal (comps.) *Petróleo nuestro y ajeno. La ilusión de modernidad*, Consejo de Desarrollo Científico y Humanístico- UCV, Caracas, 2004, p. 140.

145 kms. Al suroeste de Maturín y a 50 kms. al norte del río Orinoco.

La empresa petrolera Socony (Standard Oil de Nueva York) Oil Company perforó el pozo Suata-1 a finales de septiembre de 1938, a 170 kms. al oeste del Canoa-1, en la cercanía de la población de San Diego de Cabrutica. Canoa-1 mostró más de 200 pies de arena neta petrolífera.

Desde esa fecha las empresas extranjeras que iniciaron operaciones en la Faja, optaron por calificar como "Tar" o bitumen (un tipo de crudo rico en minerales que no fluye como el petróleo) el crudo extrapesado que encontraban, pues en aquella época no contaban con la tecnología apropiada para extraerlo.

La extracción y procesamiento de petróleo pesado (heavy oil) resultaban muy complejos en aquella época. La Faja comenzó a llamarse "Tar belt", que puede ser traducido como cinturón bituminoso, franja bituminosa, zona del asfalto, faja del aceite, cinto del alquitrán o de la brea.

Como señala el geólogo Aníbal Martínez en su artículo acerca de "la Faja Petrolífera del Orinoco":

"La acumulación de petróleo en el tercio sur de la cuenca sedimentaria de Maturín, inmediatamente al norte del río Orinoco, que llamamos familiarmente La Faja, fue descubierta en 1938. La denominación precisa es CAMPO FAJA DEL ORINOCO, pues se trata de un depósito ininterrumpido".[75]

Al verse impedidos de procesar el crudo pesado que encontraron en la Faja, los geólogos de las compañías extranjeras en Venezuela, conscientes de la extraordinaria disponibilidad de crudos más livianos, opinaron que la explotación comercial no era viable.

El mundo científico de los crudos pesados estaba apenas comenzando. En Canadá, el químico Karl Klark había desarrollado una técnica, conocida como Clark Hot Water Extraction (CHWE) basada en un proceso denominado "Extracción Termal", con agua a alta temperatura y soda caústica para procesarlos.

Este brillante químico canadiense diseñó una técnica para separar el petróleo de las arenas bituminosas de Athabasca, Cold Lake y Peace River, en el noroeste de su país, de las que se sabía desde 1888. Es necesario mencionar que debido a los costos asociados, estas regiones energéticas recién entraron en producción comercial en 1967.

El bitumen posee una composición de 83.3% de Carbón y 10.5% de hidrógeno. En su estado natural es demasiado denso como para fluir como el petróleo convencional. La idea de Klark fue buscar una vía expedita y rentable para extraer el hidrocarburo de aquella particular sustancia.

---

[75] Anibal Martínez, *The Orinoco Belt, Venezuela*, Journal of Petroleum Geology, Londres, no. 2, 1987, p. 125.

La técnica del Dr. Klark resultó: Colocó la arena bituminosa en una máquina rotatoria y la mezcló con agua caliente, soda caústica y vapor. El resultado fue un líquido que podía ser procesado y convertido, a través de catalizadores y procesos químicos, en un crudo sintético más liviano.[76]

En 1923, Junto a Sidney M. Blair, en la Universidad de Alberta, el Dr. Klark construyó la primera máquina de separación de arenas bituminosas usando agua a alta temperatura.[77]

El propio Dr. Klark, padre de la tecnología para extraer crudo sintético de las arenas bituminosas de su natal Canadá, fue un visionario y con su talento científico observó:

"El incremento de la exploración en América Latina y el Medio Oriente reduce la urgencia por explorar los combustibles sintéticos. Mientras los combustibles foráneos puedan obtenerse a precios razonables, el complejo proceso de desarrollar petróleo sintético puede ser evitado".[78]

Aún en la actualidad (2010), su técnica se utiliza en esa importante región energética de Canadá.

De acuerdo al reconocido profesor George V. Chilingarian, Ph.D., uno de los geólogos más reconocidos y con mayor obra publicada del mundo, y al profesor Teh

---

[76] Bob Simpson, "10 Developments that revolutionized what we do and how we do it" en: *Alberta Venture*, Calgary, Octubre 1997, p. 31-40.

[77] Paul A. Chastko, *Developing Alberta's Oil Sands: From Karl Clark to Kyoto*, Calgary, University Of Calgary Press, 2005, p. 14.

[78] *Ibídem*, p. 16.

Fu Yen, Ph.D., prestigioso especialista en Química Orgánica, debe establecerse una diferencia fundamental entre la reserva de la Faja del Orinoco y las arenas bituminosas ("Tar sands") canadienses:

"La "Tar Belt" (o "Oil Belt") está compuesta por numerosas arenas permeables que tienen una porosidad entre 8% a 38% (un promedio de 25%) con una gravidez API que va desde los 8° a los 15°. La gravidez API más baja se orienta hacia el sur, y va aumentando a medida que se recorre hacia el norte. Debido a la baja densidad y la mayor profundidad en relación con los reservorios de Athabasca, en Canadá, la viscosidad de los crudos de la Faja del Orinoco es mayor. La recuperación de crudo es posible en muchas áreas de la Faja, y ese crudo, hablando estrictamente, no califica como arena bituminosa."[79]

. Las temperaturas a las que se encuentra el petróleo pesado en Venezuela son lo sufientemente altas para diferenciarlo de las arenas bituminosas canadienses que yacen a temperaturas mucho menores en el hemisferio norte del continente americano.

Pero en aquel entonces, en el año 1938, con una producción de crudo liviano en auge y con una demanda de energía mundial cada vez mayor, las empresas extranjeras en Venezuela, obedeciendo a la lógica, decidieron continuar

---

[79]   George V. Chilingarian y Teh Fu Yen, *Bitumens, Asphalts and Tar Sands (Development in Petroleum Science)*, Amsterdam, Elsevier Science, 1978, p. 192.

explorando para explotar crudos más fáciles de refinar y comercializar.

El negocio petrolero se hacía cada vez más rentable para las empresas extranjeras en Venezuela. Para el 1 de septiembre de 1939, la Standard Oil de Venezuela inauguró un oleoducto de 24 centímetros de diámetro, desde el campo Jusepín hasta la refinería y el terminal de embarque de Caripito en el estado Monagas.

El 4 de abril de 1939, a 150 kms. al sureste de Maturín se descubre el campo San Joaquín, que sumó a la producción importante cantidad de barriles diarios. Venezuela y los Estados Unidos de América firmaron un Tratado de Reciprocidad Comercial que estipuló que los impuestos a las exportaciones petroleras se redujeran a la mitad. El descuento en los aranceles de importación que Venezuela recibió a cambio llegaba a un 90%.

El estallido de las hostilidades en la Segunda Guerra Mundial era inminente. En Europa ya se producían las primeras invasiones de Alemania, con el franco respaldo de Italia y España, que amenazaban al Reino Unido y Francia. Estas tensiones causaron un aumento en la demanda de petróleo por parte de las potencias en conflicto. No había oportunidad alguna para gastar recursos en explotar petróleo pesado. Se necesitaba un crudo fácil de transportar y refinar para rendir gasolinas y gasóleos que alimentaran las ingentes necesidades energéticas del aparato bélico que comenzaba la lucha en los diversos frentes del Orbe.

Para diciembre de 1939, la Gulf puso en operación el que para aquel entonces fue el oleoducto más largo del mundo, con un diámetro de 38 centímetros entre el campo Oficina y Puerto La Cruz. Éste recorría la asombrosa cantidad de 155 kms.

La demanda de energía era tal que se comenzó a embarcar el petróleo crudo para ser refinado en el Golfo de México. Las plantas de inyección de gas que se utilizaba para extraer el petróleo, el oleoducto y los campamentos, constituyeron un nuevo paisaje.

Pronto aparecieron en esas nuevas localidades nuevos pastizales, corrales, pesebres, cochineros, gallineros, depósitos y pozos sépticos. Desde 1932 se importaron, con permiso del gobierno nacional, vacas y cochinos de raza para que contribuyeran a mejorar el ganado en la zona. También se sembraron nuevas matas de aguacates, de mango y naranjas en toda la región oriental.

En los campamentos de Quiriquire y Caripito, a orillas del río Caripe, se desarrolló particularmente la siembra de naranjas. En Anzoátegui se estimuló la siembra de maní y sorgo, en especial en las amplísimas sabanas de Guanipa.

Las siembras de árboles frutales y maní son las herederas de las que desde 1920, la New York and Bermudez había propiciado en el Lago de Asfalto de Guanoco.

Desde mayo de 1931, un tanque de agua potable, que primero había sido usado en México, fue instalado en

Caripito como parte de los nuevos acueductos "La Floresta" y "El Porvenir". Para llevarlo desde Maracaibo hasta Oriente se utilizó el vapor holandés "El Libertador", que también transportó a varios trabajadores.

La instalación de agua potable y la construcción del campamento de Quiriquire fue el preámbulo para la inauguración del importante oleoducto. La región atraería un importante caudal de personas que querían trabajar para la Standard Oil: el campamento pasaría de tener 2.914 personas en 1936 a 7.393 en 1961.[80]

Nuevos servicios eran demandados por los trabajadores petroleros, y con ellos se establecieron toda clase de oficios atendiendo las necesidades de la industria. El empleo era auspicioso en esos primeros momentos de la llegada de Standard Oil a la región.

"Se han venido estableciendo nuevas compañías de servicios para la construcción de puentes, embarcaciones, muebles, dársenas, servicios de remolcadores, reparaciones de motores, trabajos de soldadura, construcción de torres de perforación, tendidos de líneas eléctricas, instrumentación y mecánica de precisión, de bombeo, trabajos de oleoducto, remolque de unidades, reparación de equipos para los pozos, labores de cementación, inyección de arena, inspección de tubos, etc."[81]

[80]	Instituto Nacional de Estadística, *Censo 1941-1961 en Quiriquire, Edo. Monagas*, Caracas, INE, 2009, p. 1.
[81]	Rafael Valery, *Las Comunidades Petroleras*, Caracas, Lagoven, 1980, p. 24.

La mirada científica al Oriente petrolero venezolano y la Faja Petrolífera del Orinoco.

Las nociones básicas de geología enseñan que los depósitos de petróleo en el mundo se encuentran acumulados en un pequeño número de las cuencas sedimentarias alrededor del planeta, dentro de campos de mayor o menor proporción. La Faja Petrolífera del Orinoco es un campo petrolero.

El petróleo no posee las mismas cualidades físicoquímicas en los distintos campos alrededor del mundo. Son muchos los factores que inciden en su naturaleza. Desde la formación geológica en la que evoluciona desde hace millones de años, junto a la presencia de los más diversos metales y sustancias, hasta el hemisferio y el clima en el cual se encuentra.

El Petróleo Pesado y Extrapesado es todo aquel que tiene menos de 22.3° API[82] o de menor densidad.

Los petróleos de 10° API o menor densidad se conocen como extrapesados, ultrapesados o superpesados. Su principal propiedad física es que, con respecto al agua, son altamente viscosos.

En términos comparativos, los otros petróleos utilizados como referencia en el mercado mundial, como el crudo

---

[82] API son las siglas del Instituto Americano de Petróleo con sede en Washington, DC, EUA, cuyo índice en grados determina la densidad de cuán pesado o liviano es el petróleo con respecto al agua. Mientras menor sea la cantidad de grados, más pesado es el crudo y requiere de un proceso de refinación más exigente para transformarlo en gasolina o gasóleos. Puede consultarse la clasificación de la API en su sitio en Internet.

tipo Brent del Mar del Norte en Inglaterra o el West Texas Intermediate de los Estados Unidos de América, poseen densidades que oscilan entre los 38° y 40° API.

El campo Faja Petrolífera del Orinoco mide 460 kilómetros de este a oeste y hasta 40 kilómetros de norte a sur.[83] Recorre el lado norte de la ribera del río Orinoco y predominantemente, los hidrocarburos pertenecientes a ella corresponden a la edad terciaria de la Tierra, la era Cenozoica que se inició hace 65,5 millones de años.

La Faja posee sedimentos no consolidados de origen deltaico, ubicados en promedio a 920 metros de profundidad.

La temperatura promedio de este gigantesco campo petrolero oscila entre los 50 grados centígrados, a los 800 metros de profundidad, hasta los 60 grados centígrados a los 1.000 metros de profundidad.

Cuando se perforó el pozo La Canoa-1, en 1936, los técnicos de la Standard Oil se toparon con un petróleo extrapesado de aproximadamente 7 grados API[84]. El alto contenido de sulfuro, residuos metálicos como el vanadio, y la alta viscosidad de este petróleo les hizo ver que resultaba casi imposible procesarlo y comercializarlo con la tecnología de la que disponían en la época.

---

[83] El geólogo venezolano Aníbal Martínez ha hecho un esfuerzo para estudiar la Faja, para ahondar en los detalles científicos recomendamos consultar su obra *"La Faja del Orinoco"*, editada por Galac en 2004.

[84] Juan Carlos Boué, *Venezuela, The Political Economy of Oil*, Oxford, Oxford University Press, 1993, p. 70.

El geólogo Kenneth S. Deffeyes, en su obra "Más allá del Petróleo" nos dice:

"La viscosidad refleja la resistencia a fluir de un líquido a través de una roca porosa. Los líquidos con alta viscosidad presentan gran resistencia y fluyen lentamente; los petróleos pesados pueden ser hasta diez mil veces más viscosos que el agua. (. . .) Por debajo de 10° API, la viscosidad es por lo general suficientemente alta para hacer que la fluidez dentro de un pozo sea un obstáculo por su lentitud y resulte económicamente inviable explotarlo".[85]

Cuando se produce la recuperación inicial, el petróleo pesado de Venezuela contiene alrededor de trescientas partes por millón de vanadio. ¿Vanadio? Este mineral viene de las minas profundas, y es usado sobre todo para hacer sólidas aleaciones metálicas. ¿Por qué hay vanadio en el petróleo? Debido a que el petróleo crudo se produce por la descomposición térmica de materia proveniente de plantas y animales, existen "moléculas fósiles" en el crudo, incluyendo restos reconocibles de la clorofila de las plantas y la hemoglobina de animales. Estas moléculas tienen estructuras nucleares similares especialmente adaptadas para aferrarse al metal en el centro de sus núcleos: hierro en la hemoglobina y magnesio en la clorofila. El cobre, níquel y vanadio aparecen en estos núcleos, en pequeñas cantidades, en la mayoría de los crudos pesados."[86]

---

[85] Kenneth Deffeyes, "*Beyond Oil*", New York, Hill & Wang, 2005, p. 101.

[86] *Ibídem*, p. 106.

Con esta definición podemos entender que en nuestra Faja:

"SOCONY se lanzó a finales de septiembre de 1938 a la conquista del espacio prometedor con Suata-1, a apenas a 10 kms. del río Zuata que es frontera estatal entre Anzoátegui y Guárico. (. . .) A Suata-1 le adjudicamos la inmensa calificación de ser el pozo descubridor de la Faja.

(. . .) Camorra No. 1 retrocedió un poco el camino y se hincó el 19 de marzo de 1939, a 40 kms. al noreste de Barrancas (. . .) llegó hasta 910 metros y fue abandonado el 26 de abril.

Cerro Negro-1 fue abandonado el 24 de enero de 1939 a 1120 metros.(. . .) Cerro Negro-2 fue perforado de inmediato, del 15 de febrero al 27 de marzo de 1939, y abandonado en el Basamento a 1179 metros de profundidad total, se recobró solo petróleo crudo de calidad inaceptable, mas pesado que el agua.".[87]

De acuerdo al geólogo Juan Servello, solo 58 pozos se perforaron en el campo Faja Petrolífera del Orinoco durante los siguientes 30 años, por lo que la actividad de explotación tendió al norte de la región de la Faja donde había yacimientos con petróleo mucho más liviano.

---

[87] Aníbal Martínez, *La Faja del Orinoco*, Caracas, Galac, 2004, p. 40.

"Casi todos los pozos exploratorios en el área mostraron impresionantes arenas de petróleo pesado".[88]

Para el geólogo Aníbal Martínez, aquella región, denominada por esos primeros técnicos *"Orinoco Tar Belt"*, solo significaba para la mayoría una singularidad o una rareza geológica[89].

En 1938 se promulgó una nueva Ley de Hidrocarburos, cuyo proyecto fue redactado por el entonces Ministro de Fomento Néstor Luis Pérez.

El Ministro Pérez fue relevado por Manuel R. Egaña. La Ley de Hidrocarburos de 1938 contempló que el Estado tenía facultad para instalar una refinadora y colocarla bajo su administración exclusiva. Egaña hace la salvedad de que ese instrumento legal se aplicaría por igual a todos los concesionarios.

El reglamento de la Ley de 1938 encontró una franca oposición por parte de las empresas extranjeras, pues estaban contrariadas ante la regulación que les imponía pedir permiso por cada pozo a explorar, y para comenzar nuevas construcciones. Todo ello les resultaba engorroso pero Egaña no cedió.

---

[88] Ragai El Mallakh, *Heavy Versus Light Oil: Technical Issues and Economic Considerations*, Boulder, International Research Center for Energy and Economic Development, 1993, p. 71.

[89] Anibal Martínez, *The Orinoco Belt, Venezuela*, Journal of Petroleum Geology, Londres, no. 2, 1987, p. 139.

Este factor tuvo un peso en la exploración de la Faja pues ante las nuevas regulaciones, las concesionarias orientaron la explotación hacia territorios con un crudo más liviano, y por lo tanto mucho más fácil de comercializar. Fundamentalmente, como hemos señalado anteriormente, el trabajo más intenso fue hacia el norte de la región de la Faja.

"La concesionaria más activa en la Faja durante los años 39 y 40 fue SOCONY, pero con resultados que, como es posible imaginar, acentuaron la decepción."[90]

La presencia de la Faja Petrolífera del Orinoco.

Cuando las operaciones de exploración comenzaron desde Monagas y Anzoátegui, las empresas concesionarias dirigieron su atención hacia el suroeste, se adentraron en un territorio inexplorado y lleno de retos para aquellas primeras incursiones de técnicos petroleros en la región.

Pero, para los fines del presente estudio, es preciso señalar que el territorio demarcado como Faja del Orinoco fue delineado por técnicos de Petróleos de Venezuela, S.A., mucho tiempo después, en 1977. En aquel entonces se demarcó un área de 55.314 kilómetros cuadrados. Fue dividida en subregiones entre las cuatro filiales operadoras de Petróleos de Venezuela, una vez nacionalizada la industria petrolera en 1976. Las cuatro operadoras fueron Lagoven, Meneven, Maraven y Corpoven.

---

[90] Aníbal Martínez, "*La faja…*", p. 42.

Es menester señalar que el estudio clásico preliminar de la Faja fue hecho por los geólogos José Antonio Galavís y Hugo Velarde, en 1967, quienes en el séptimo Congreso Mundial de Petróleo celebrado en México anunciaron al mundo un estimado de 692 millardos de barriles en la zona, cuando las reservas "convencionales" venezolanas eran aproximadamente 20 millardos de barriles.

Las subregiones de la Faja del Orinoco son Machete, Zuata, Hamaca y Cerro Negro. Es muy importante destacar la presencia de otro insigne venezolano en aquel Congreso, el Dr. Gustavo Coronel, quien, en representación de la Corporación Venezolana de Petróleo, presentó un trabajo sobre la Geología del Golfo de Venezuela.

Las zonas descritas por los estudios de los Doctores Galavís y Velarde, y por el Dr. Aníbal Martínez, contemplan también las subregiones San Diego y Pao, a las que no se suele hacer referencia directa en las nuevas delimitaciones de la región. San Diego está en contenida en la subregión Zuata, y Pao en la subregión Hamaca. (Puede verse el mapa al final de la sección).

En 1970, la explotación del recurso petrolero de la Faja seguía siendo compleja en términos de costos y tecnología. El ingeniero Arévalo Reyes nos dice: "La Faja Petrolífera del Orinoco del período 1928 a 1940 fue dada gran parte en concesiones a diversas empresas petroleras, y después de perforar 42 pozos, éstos fueron abandonados, por contener petróleos altamente pesados y difíciles de fluir. (…) los costos de producir un barril de petróleo procedente de esa zona, incluyendo la desmetalización y desulfuración, alcanzarían unos 4 dólares, cifra que en los actuales momentos no resulta comercial, y se requieren no menos de diez años de trabajo intensivo para poder llegar a conocer las condiciones económicas bajo las cuales se pueda desarrollar un potencial de un millón de barriles por día."[91]

Cabe destacar que en 2010, con el diseño, instalación y funcionamiento de impresionantes—y costosos en términos de inversión—, complejos mejoradores de crudo en Jose, en la costa del estado Anzoátegui, la meta de producción se estima en 600.000 b/d.

El Dr. Leonardo Maugeri explica que la recuperación de crudo está prevista en tres *stages* [niveles]: El primario (basado en la presión interna con la que el reservorio expulsa el petróleo, y en la que se recupera hasta un 15%); el secundario (que utiliza agua o gas natural en el pozo para así recuperar entre un 20% y un 40% del pozo) y el terciario (que utiliza la química, el calor o las bacterias para extraer el petróleo y recuperar más de un 60%).

En el último *stage* de recuperación están cifradas las esperanzas para hacer rendir los pozos petroleros en el mundo. Sin embargo, éste requiere una importante inversión en investigación y desarrollo. La ciencia y la tecnología de

---

[91] Arévalo Reyes, "Consideraciones para la explotación de la Faja Petrolífera del Orinoco" en: Revista de la Sociedad Venezolana de Ingenieros del Petróleo, Caracas, Diciembre de 1972, p. 27.

punta prevalecen como elementos esenciales para satisfacer la demanda de energía mundial. [92]

La región en el Estado Guárico (Subregión Machete).

Los límites en el oeste de la Faja Petrolífera del Orinoco corresponden al sureste del estado Guárico. A fines de organizar el territorio para la exploración y explotación de la industria petrolera, la parte guariqueña de la Faja se llamó "Machete" desde 1977.

Allí se encuentran las poblaciones de Las Mercedes, Palacio, Los Negros, Chaguaramal, Corozal, Merecure y La Pereña, al norte, y Santa Rita, El Carote, Arrecife, La Travesía, La Punta, Monasterio, El Perro, Morrocoy, Mapurite, Chaguaramita, La Culebra, Paso Cachimbo, Cabruta, Terecay, Los Garzones, Parmana, El Piñal y Requena, al Oeste. Las dos últimas poblaciones están en la ribera del río Orinoco.

La población de Cabruta está frente a Caicara del Orinoco en el estado Bolívar, al sur de la subregión. Actualmente allí se construye el tercer puente sobre el río Orinoco.

Las poblaciones de El Machete, Párate Bueno, Espino, Rabonal, Aracay, La Atarraya, La Candelaria, Corocito Peñero, Hervidero, Merecural, Altamira, Iguana, Zanjonote, La California, El Palito, Santo Domingo, Roble Gacho, Los Claros, Juan Hilario, Mahoma, El Socorro, Las Lomas, Las

[92] Leonardo Maugeri, "Squeezing more oil from the ground" en: Scientific American, New York, Octubre 2009, pp. 36-43.

Dos Palmas, Cartancito, Las Bateas, y Altamira están en el centro de esta subregión.

Santa María de Ipire, Corralito, Los Guatacaros, El Cartán, El Pantano, Laguna Grande, Los Arenales, Buena Vista, El Venado, Agua Amarilla, Los Rodeos, Mata Negra, La Alvareña, San Rafael, La Peña, El Pegón, colindando con el estado Anzoátegui están al este. Todas estas localidades se encuentran en plenos Llanos Centrales venezolanos.

Para el período estudiado, de 1938 a 1958, en el estado Guárico destaca la actividad socioeconómica de las poblaciones de San Juan de Los Morros, Ortiz, Calabozo, La Trinidad, El Calvario, El Sombrero, Barbacoas, El Rastro, Guardatinajas, San Francisco y San José de Tiznados, que están ubicadas en el noroeste del estado.

Los activos poblados de Valle de la Pascua, Zaraza, Tucupido, San José de Unare, están ubicados en el noreste del estado.

Al norte de Guárico se encuentran los pueblos de Orituco, que son San Rafael, Altagracia, Sabana Grande, Lezama, Taguay, Paso Real de Macaira, Parapara, San Francisco y San José de Guaribe.

Los paisajes de Guárico. (Subregión Machete).

Los paisajes de la subregión se caracterizan por las altiplanicies y mesas, con valles de poca profundidad formados gracias a las planicies aluviales y eólicas. Este tipo de paisaje cubre más del 90% de la superficie estadal. La altiplanicie abarca el 40% del estado, y tiene un relieve ondulado con pendientes de 3 a 8%, con colinas que tienen, en promedio, pendientes de 8%.

El paisaje de los valles de Guárico constituye el 9% del estado, y presenta vegas y terrazas de relieve plano a ligeramente ondulado, con pendientes menores del 3%. Las planicies aluviales ocupan el 24% del territorio estadal, y consisten en extensas áreas de relieve principalmente plano con pendientes de 0 a 3%.

El clima del estado Guárico presenta temperaturas medias anuales promedio de 26°C. Posee, predominantemente, un clima de sabana. En promedio, la precipitación en el área que corresponde a la región de la Faja Petrolífera del Orinoco oscila entre los 1.000 a 1.500 mm anuales, disminuyendo de sur a norte. Se observa la distribución de las lluvias en dos períodos, el seco que se acentúa entre los meses de noviembre y abril, y el lluvioso que va de mayo a octubre.

Los ríos que confluyen en la región occidental de la Faja Petrolífera del Orinoco son los sistemas Orituco, Unare y Zuata que drenan hacia la cuenca del Atlántico, es decir los cursos de agua que fluyen en dirección al río Orinoco. Allí se encuentran los ríos Espino, Riecito, Quebrada Quebradón, Quebrada Palenque, Aguaro, Faldisquera, San Bartolo, Guariquito, Palambra, Manapire, Carapa, Iguana, Aracay, Chivata, Chivatica, Santa Inés, Santiago, Claro y Pesquero.

En los Llanos Centrales existe abundancia de recursos hídricos. Se calcula que el agua para el uso agrícola y urbano-industrial puede llegar a un promedio de de 2.707,54 millones de m^3.

Existen además importantes reservorios acuíferos: al noreste del estado Guárico, hacia la población de Ortiz, está el Embalse de Camatagua, que es una fuente de agua subterránea cuya capacidad de almacenamiento se estima en 100 millones de metros cúbicos.

Hacia el centro del estado se encuentra el embalse del río Guárico, situado en las inmediaciones de Calabozo. Es el de mayor extensión de Venezuela: ocupa un área de 12 hectáreas, propiciando el cultivo de arroz y se ha desarrollado una ganadería de carne y leche de considerable importancia.

En el noreste de Guárico cuenta está el embalse Playa de Piedra.

El estado Guárico tiene una superficie de 5,6 millones de hectáreas destinadas para la agricultura, con un 50% de potencial de moderado a alto, aptas para la explotación agrícola vegetal y/o la ganadería intensiva y semiintensiva. Los recursos forestales al oeste de región de la Faja Petrolífera del Orinoco no son tan extensos como los que se encuentran al este (la región de Uverito, en Monagas, es una de las mayores reservas de árboles del mundo).

El potencial forestal de Guárico abarca una superficie de 1.531.077 hectáreas, de las cuales se estima que el 25% corresponde a lotes boscosos con fines productivos.

Una Formación Geológica *es una unidad que se encuentra constituida por estratos de rocas sedimentarias, ígneas intrusivas o extrusivas o rocas metamórficas o asociaciones de éstas.*[93] A través del estudio de cada Formación es posible describir los estratos que forman la corteza terrestre. La organización de estas unidades distintivas y reconocibles, se hace tomando como base sus propiedades.

Los primeros estudios geológicos en esta zona, llevados por el geólogo H.D. Hedberg[94] mencionan en la subcuenca de Guárico la *"arenisca de La Pascua"*, formación que luego los geólogos Patterson y Wilson[95] denominaron *"Formación La Pascua"*. Estos estudiosos la describieron como productor importante de hidrocarburos en los campos petroleros del área de Las Mercedes, estado Guárico. Existen cuatro formaciones geológicas en el estado Guárico: La Pascua, Roblecito y Naricual-Quebradón, y la más importante, Chaguaramas.

---

[93]   Tamara Montero, *Glosario Estratigráfico*, Caracas, Centro de Información Técnica de PDVSA, 1997.

[94]   Hedberg, H. D., Geology of the eastern Venezuela basin (Anzoátegui-Monagas-Sucre-eastern Guárico portion), Tulsa, Boletín de la American Geololycal Society, 1950, pp. 1173- 1216.

[95]   Patterson J. M. y J. G. Wilson, Oil fields of Mercedes region, Venezuela, Venezuela, Boletín de la American Association of Petroleum Geologist, Tulsa, 1953, pp. 2705-2733.

Para 1961, Quarforth y Caudri señalaron que la *"Formación La Pascua"* pertenecía al Eoceno, la de Roblecito al Eoceno-Oligoceno y la de Naricual-Quebradón, al Oligo-Mioceno. Peirson[96] llegó a la misma conclusión, y correlacionó *La Pascua* con la *Formación Peñas Blancas*, relación aceptada por la Sociedad Venezolana de Ingenieros de Petróleo (1963).

En 1987, Isea[97] y Kiser[98], respectivamente, describieron la estratigrafía de la Faja Petrolífera del Orinoco. Los estudios geológicos de Isea y Kiser reconocieron la presencia de la *Formación La Pascua* y destacaron la presencia de la *Formación Chaguaramas*, tanto en el área Machete como la de Zuata, de la Faja Petrolífera del Orinoco.

En los años 1950, Hedberg[99] fue el primero en utilizar el término Chaguaramas en un trabajo geológico. Lo usó para describir los equivalentes situados en el extremo oeste de las *Formaciones Oficina* (en el estado Anzoátegui) y Quiamare. Allí afloran entre Altagracia de Orituco, Chaguaramas y Las Mercedes, del estado Guárico.

---

[96] Peirson III, A. L., Geology of the Guárico mountain front, Boletín de la Asociación Venezolana de Geología, Minas y Petróleo, Caracas, 1965, pp. 183-212.

[97] Isea, A., Geologycal syntesis of the Orinoco Oil Belt, Eastern Venezuela. Journal of Petroleum Geology, Tulsa, 1987, p. 139, pp. 135-148.

[98] Kiser, Exploration Results, Machete Area, Orinoco Oil Belt, Venezuela. Journal of Petroleum Geology, Tulsa, 1987, p. 156, pp. 149-162.

[99] Hedberg, *Ob. Cit.*, p. 1176.

Patterson y Wilson (1953)[100] definen que la *Formación Chaguaramas* en la región de Las Mercedes del estado Guárico, está compuesta por las capas desde el límite superior de la *Formación Roblecito*, hasta la base de la *Formación Freites*, también en Guárico.

Ambos geólogos estadounidenses afirmaron además que la base de Chaguaramas corresponde a la base de la *Formación Merecure* en los Llanos Centrales, y que el tope de *Chaguaramas* coincide con el tope de la *Formación Oficina* en el estado Anzoátegui. Indicaron que la formación entera aflora desde Las Mercedes hasta el área de Anaco en el estado Anzoátegui. Desde aquellos trabajos geológicos ya hacían notar que las arenas medias e inferiores de esta formación eran importantes reservorios de petróleo y gas.

En el Léxico Estratigráfico de Venezuela para el año 1970 se define como "área tipo", las cercanías del pueblo de Chaguaramas, en Guárico Central, sobre la hoja 1:100.000 de Cartografía Nacional N° 6944.[101]

En el sur del estado Guárico, las pendientes se van reduciendo considerablemente hasta llegar a los Esteros de Camaguán, región anegadiza cuyos pastizales naturales solo son aprovechables en la temporada seca.

---

[100] Patterson y Wilson, *Ob. Cit.*, p. 2715.
[101] Ministerio de Minas e Hidrocarburos, *Léxico Estratigráfico de Venezuela*, Caracas, 1970, p. 756.

Desde febrero de 1934, la capital del estado Guárico es San Juan de los Morros, sustituyendo a Calabozo, que lo había sido desde 1848, año de la fundación del estado.

Muchas composiciones de nuestra música venezolana han tenido como escenario de inspiración la espectacular llanura guariqueña. Desde el emblemático Apure se extiende la influencia del joropo y la música compuesta por el cuatro, el arpa y la maraca. En general, esta música une el eje que nace en los llanos de la hermana República de Colombia con toda esta región.

Freddy Reina, Reinaldo Espinoza Hernández y Antonio Estévez conocieron a Ignacio "El Indio" Figueredo en Achaguas, Apure, en 1947. El arpa de este extraordinario músico venezolano inspiró una amplísima obra musical, al menos unas 400 composiciones, durante la década de los años 50 y 60. Al día de hoy sus compases rinden tributo a la vida cotidiana de los llanos y a nuestros tesoros musicales.

En el campo literario, son muchas las novelas que dibujan la realidad de aquella pintoresca Venezuela del siglo XIX y principios del XX, en la que está patente el drama que implica la dualidad medio urbano-medio rural. Entre ellas, de indudable valor y recomendada lectura se cuentan: "Peonía" de Manuel Vicente Romero García, "Ana Isabel, una niña decente" de Antonio Palacios, "El Hombre de Hierro" de Rufino Blanco Fombona, "En este país" de Luis Manuel Urbaneja Achelpohl, "La Trepadora", "Cantaclaro", "Reinaldo Solar", y la reveladora "Sobre la misma tierra" de Rómulo Gallegos, sin dejar de lado "Doña Bárbara", el clásico de nuestro llano. Con "Efigenia" y "Memorias de Mamá Blanca" de Teresa de la Parra, se completa un muy buen repertorio de las obras que todo venezolano—y todo aquel interesado en nuestro país-, debería leer.

La región en el estado Anzoátegui.

Los paisajes del suroeste de Anzoátegui (Subregión Zuata y San Diego)

En el estado Anzoátegui, la Faja Petrolífera de Orinoco coincide con el sur de los municipios Monagas, Miranda e Independencia. El relieve de Anzoátegui se distingue por la depresión de Unare en el norte, y la formación de mesas, entre las cuales destacan Hamaca y Guanipa, en el sur del estado.

El estado Anzoátegui fue creado en 1909. Hasta ese año, y desde 1891, su territorio correspondía al entonces estado Bermúdez.[102] Sus ciudades más importantes están ubicadas al norte de la región: El Tigre, Cantaura, Anaco, Puerto La Cruz, Puerto Píritu y la capital, Barcelona.

En el estado Anzoátegui está presente la etnia Kariña, hábiles agricultores y cazadores. También, muchos de sus hijos se han sumado a la industria petrolera. Su idioma y sus creencias son acervo esencial de nuestra cultura y deben protegerse para el futuro.

---

[102] Constantino Maradei, *Historia del estado Anzoátegui*, Caracas, Ed. Presidencia de la República, 1991, p. 17.

La subregión correspondiente a región de la Faja Petrolífera del Orinoco, al suroeste del estado Anzoátegui se conoce subregión "Zuata".

Dentro de los límites de la subregión Zuata se encuentra ubicada la población de Santa Clara, junto a El Manguito, Aribí, La Quinta, La Gloria, La Reforma, Paradero, Rancho Grande, La Loma, Los Toros, Casapal, El Lindero y Los Robles, ubicadas al Noroeste.

También se cuentan San Diego de Cabrutica, Zuata, Potrerito, Los Toros, El Manteco, Meridiano, Barrancas, Pekín, Moja Casabe, Las Colmenas, La Esperanza de Guatire, Guatire, El Placer, El Respeto y Uverito, que están al oeste.

Las poblaciones de Ayacucho, El Catalinero, La Tabeta, El Banquito, Campo Lindo, La Tabeta, Carupal, El Venado, La Quinta, El Guaney y Hato Morichito están en al centro.

Las localidades de Mapire, La Rudania, Las Sardina, El Puyazo, hasta Santa Cruz de Orinoco, bordean la ribera del Orinoco, al sur de la subregión.

Finalmente, San Antonio, Cogoyal, La Bomba y La Vaca están en el oeste.

En general la subregión presenta características de bosque seco tropical, con un promedio anual de 26,7°C de temperatura y 1.067 mm de precipitación. El suelo es de textura arenosa y generalmente ácido.[103]

La vegetación es principalmente de sabana, y tanto en el centro, como en el sur de la región, es común observar morichales. El norte, es más seco y abundan las plantas espinosas tipo matorrales y cardones.

El estado Anzoátegui cuenta con importantes ríos, dentro de los cuales destacan los ríos Unare y Neverí, que desembocan en el Mar Caribe, y los ríos de la cuenca del río Orinoco: San Bartolo, Mapire, Sariapo, Macuto, Ature, Cabrutica, Pao, Cicapro, Zuata, Tigre y Guanipa.

Los principales rubros cultivados en la región son: maní, maíz, algodón, caña, sorgo, cambur, patilla, raíces y tubérculos. Existe una importante producción de mango. En la actividad ganadera destaca el ganado bovino, porcino y las aves.[104]

En 1944, los estudiosos Hedberg y Pyre[105] designaron como *Formación Mesa* a los sedimentos jóvenes que cubren las masas de la región de la Faja Petrolífera del Orinoco, abarcando de esa manera el territorio del sur y del centro del

[103] Caraballo L., J. Torrealba y E. Cabrera, *Boletín Agrometeorológico Estación El Tigre*, El Tigre, Instituto Nacional de Investigaciones Agrícolas, 2002, Volumen 1, p. 16.

[104] Marco Aurelio Vila, *Aspectos Geográficos del estado Anzoátegui*, Caracas, CVF, 1953, p. 56.

[105] Hedberg, H. D. y A. Pyre, Stratigraphy of northeastern Anzoátegui, Venezuela, Boletín de la American Association of Petroleum Geologist, Tulsa, 1944, p. 28.

estado Anzoátegui hasta prácticamente la mitad del este del estado Monagas.

Otras descripciones detalladas fueron publicadas por Clemente González de Juana (1946), Hedberg (1950), De Sisto (1961), Salvador (1961), Berthois y Roa (1971), Coplanarh (1974).

En particular, se han mencionado las mesas de Guanipa (Anzoátegui), Tonoro y Santa Bárbara (Monagas), y los escarpados de Santa Rosa (Anzoátegui). Estas localidades se encuentran en las Hojas 7342, 7343, 7344, 7442 y 7444, escala 1:100.000 de la Cartografía Nacional[106].

De acuerdo al estudio de Clemente González de Juana (1946), la *Formación Mesa* es producto de una sedimentación fluvio-deltáica, y resultado de un extenso delta que avanzaba hacia el este en la misma forma que avanza hoy el Delta del río Orinoco. El mayor relieve de las cordilleras septentrionales desarrolló abanicos aluviales que aportaban a la sedimentación clásticos de grano más grueso, mientras que desde el sur el aporte principal era de arenas.

La población de San Diego de Cabrutica es un pequeño pueblo situado al sur del estado Anzoátegui, importante en la historia de Venezuela, porque en 1815, el general José Tadeo Monagas libró una batalla contra los españoles durante la gesta independentista.

---

[106] González de Juana, C.; J. Iturralde de Arozena y X. Picard, *Geología de Venezuela y de sus Cuencas Petrolíferas*, Caracas, Ed. Foninves, 1980, p. 1021.

Junto al pueblo de Zuata y a Santa Cruz del Orinoco, las tres poblaciones se consolidaron como las principales del corredor de tránsito de ganado desde los llanos hasta el río Orinoco. La subregión desarrolla un importante comercio con Ciudad Bolívar, produciendo y transportando cueros, quesos, plátanos, pescados, casabe, y recibiendo toda clase de mercancías.

Los paisajes del sureste de Anzoátegui (Subregión Hamaca y Pao)

La subregión Hamaca está ubicada al sureste del estado Anzoátegui, y corresponde al Municipio Independencia. Comprende las poblaciones de Atapirire, El Corozo, Moquete, Paso Bajito, El Piñal, Los Cuajos, Múcura que están en el oeste.

Las poblaciones de San Antonio, Altagracia, Los Robles, El Merey, El Salto, Corozal, La Esperanza, La Tentación, Tabare, Buena Vista, Hato Las Piñitas, Hato El Cajonal, La Canoa (lugar del primer pozo explorado por la Standard Oil en 1938), se encuentran al centro.

Santa Cruz, Campo Alegre, Los Algodones y San Miguel se hallan al Este. Y las poblaciones de Boca del Pao, Soledad (frente a Ciudad Bolívar y punto en Anzoátegui del Puente Angostura, que comunica al estado Bolívar por vía terrestre), La Peña, Carapa y Botalón, están ubicadas de oeste a este, a lo largo de la ribera del río Orinoco.

La composición física y química de los suelos es la arenisca (generadas como remanentes de fondos marinos en cenozoico), y en general, presenta índices de baja fertilidad agrícola. Sus suelos son más aptos para la ganadería. [107]

En general sus suelos son arenosos en la superficie y con contenidos variables de arcilla, con baja retención de humedad. El río Perro, Guaipuca, Caris y el Morichal Largo están ubicados en esta subregión y desembocan en el río Orinoco.

El clima dominante de la subregión es de sabana, con unos 1.031 mm de lluvias, con un promedio de 28° centígrados anuales.[108]

Cabe destacar que las precipitaciones de esta subregión son potenciadas por los vientos alisios constantes y alto nivel de evaporación. El relieve es característico de la mesa, destacando amplísimas zonas planas con muy escasas elevaciones.

La región en el estado Monagas.

Los paisajes de Monagas (Subregión Cerro Negro).

La subregión Cerro Negro de la región de la Faja Petrolífera del Orinoco está ubicada en los Municipios Independencia en el sureste del estado Anzoátegui, y Libertador, Sotillo y Uracoa, en el suroeste del estado Monagas.

[107] Caraballo L., J. Torrealba y E. Cabrera, *Ob. Cit.*, p. 16.
[108] *Idem.*

Monagas es un estado desde 1909, cuando se separó del entonces estado Bermúdez. Las ciudades más importantes del estado Monagas son Caripito, Punta de Mata, Jusepín, Temblador, Caicara de Maturín, Barrancas del Orinoco, y la capital, la ciudad de Maturín.

En la subregión se encuentran, aún en territorio del estado Anzoátegui: El Yadito, La Esperanza, Caruto, La Nueva Lucha, Los Yopales, El Rincón, Cogollal, Mamo Arriba, Nuevo Mamo, Palital, San Miguel, El Milanero, Cardonal y Corralito, todas al oeste.

En el estado Monagas están Mata Negra, Santa Rosa, El Merey, Cerro Negro y Uverito, al centro.

Las poblaciones de Los Barrancos, Chaguaramas, Mundo Nuevo, Santa Rosa, Campereño, Las Colmenas, Merecure, Paso Nuevo, La Dominga, Pueblo Viejo y Hato Troncales se encuentran al este.

En la ribera del Orinoco están Corrientoso, Punta Morada, Palital de La Isla, Apostaderos, San Rafael De Barrancas, Hato Guarguapo, Barrancos Colorados (a la altura de Ciudad Guayana) y Barrancas.

La temperatura media anual de esta subregión es de 26 °C, y la pluviosidad anual en Uverito, es de 907 mm. Hacia el Delta del río Orinoco, llueve entre 1200 a 1600 mm anuales.[109]

---

[109] Corporación Monaguense de Turismo, *El municipio Sotillo*, Maturín, Ed. Cormotur, 2008, p. 6.

La economía de la subregión está basada fundamentalmente en la ganadería bovina (carne y leche). El estado Monagas produce arroz, tabaco, café, caña de azúcar, sorgo, yuca, cambur y naranjas.

Barrancas es un importante centro pesquero, y corresponde a una zona antiquísima, muy valiosa para la arqueología y la antropología, pues nuestras primeras poblaciones en el río Orinoco, desde hace 3.000 años, desarrollan su rica cultura en la región.[110]

Aunque no está propiamente en la región de la Faja, la cueva más extensa del país (que mide aproximadamente un kilómetro y medio) está ubicada al norte del estado, no lejos de Caripito, exactamente a treinta kilómetros de la población de Caripe. Esta ciudad se conoce como "el jardín de oriente", y posee una importante inmigración italiana y presencia de nativos chaimas.

La Cueva del Guácharo fue visitada por misioneros en 1657. Los nativos de la región los llevaron a recorrerla. Alejandro de Humboldt la visitó en 1799. Millares de pájaros de hábitos nocturnos, conocidos como "guácharos" viven en las profundidades de la cueva.

La zona que corresponde a la Faja Petrolífera del Orinoco comprende un bosque seco tropical, su vegetación predominante es la de sabana abierta, donde abundan gramíneas perennes. La continuidad de las sabanas se

---

[110] *Idem.*

interrumpe por la presencia de morichales y bosques de galería.[111]

En Uverito, Municipio Sotillo, se encuentran 500.000 hectáreas de pinos Caribe—plantadas entre Monagas y Anzoátegui—en la ruta hacia Barrancas. De esta manera, se aprovechan los suelos de baja fertilidad, con semillas producidas en Venezuela.

Desde 1973 hasta la actualidad se han realizado masivas plantaciones de pino caribe, con fines comerciales, junto a las riberas del Orinoco. La madera se utiliza para las industrias de la construcción y para la elaboración de muebles y papel. En 1994 se obtuvieron 498.073.000 m3 de madera de bosque natural y 231.161.190 m3 de madera de plantaciones de pino caribe. Para 2008, se calcula que la población de pinos Caribe es de aproximadamente 17 millones de árboles.[112]

El 40% de la producción de esta impresionante reserva forestal se destina al aserrín y 60% para pulpa de papel. La plantación de pinos de Uverito es el bosque de pinos Caribe—creado por el hombre—más grande del mundo.

Los principales ríos del estado Monagas son el Tacata, Tonoro, Cariz, Guanipa y El Tigre. En la subregión se encuentran los ríos Morichal Largo, el Yabo y el Uracoa, con dos caños importantes: el Guarguapo y el Máñamo.

---

[111]   *Ibídem*, p. 8.
[112]   *Ibídem*, p. 9.

El relieve de esta subregión es plano debido a su ubicación en la Mesa Llana de Morichal Largo, en la Planicie Aluvial del río Orinoco.

La región en el estado Delta Amacuro.

Los paisajes de Delta Amacuro. (Subregión Cerro Negro).

La porción oriental de la subregión Cerro Negro de la región de la Faja Petrolífera del Orinoco está ubicada en territorio del estado Delta Amacuro. Específicamente en los municipios Casaicoma y Tucupita. Las localidades de Sierra Imataca, Piacoa, Boca de Araguaito, Boca de Macareo, Coporito, Maracaíto, San José de Maracaíto, Geina, Juncalito, Verdadero de Yaya, Santa Catalina, El Toro, La Portuguesa, Agua Negra, Carapal, Paloma, Las Hermanas y Tucupita, la capital del estado, son, de oeste a este, las más importantes en términos poblacionales de la zona.

El paisaje de esta región es verde y húmedo, surcado por múltiples ríos, caños y canales. Las máximas elevaciones del relieve alcanzan los 600 msnm, en la sierra de Imataca. Las fluctuaciones en el nivel de las aguas ocasionan la presencia de incontables de islas, en un clima tropical monzónico, en el que las lluvias son frecuentes y promedian 1.650 mm al año. La temperatura media anual alcanza unos cálidos 27° grados centígrados.[113]

---

[113] Datos de la Gobernación del estado Delta Amacuro, *Estado Delta Amacuro*, Tucupita, CNTI, 2009, p. 1.

Los suelos poseen un alto grado de acidez y no destacan por su fertilidad. El paisaje selvático está caracterizado por una enorme variedad de árboles y fauna, al tiempo que cerca de 70 ramificaciones constituyen el extraordinario, imponente y diverso laberinto acuático a través del cual fluyen las aguas del río Orinoco hasta el Océano Atlántico.

Dentro de su actividad agropecuaria, se cuenta la producción de arroz, maíz, ganado de carne bovino y porcino, aves, coco, plátano, yuca, piña, palmito. La producción anual producto de la explotación pesquera alcanza las 1.178 toneladas de pescado, camarones y cangrejos.[114]

La isla de Pedernales está ubicada en la punta septentrional del estado, frente a Trinidad en el Golfo de Paria y Boca de Serpiente. En el pasado fue centro de operaciones de piratas y contrabandistas. El caño de Pedernales, al unirse con el caño Angosto, forma uno de los brazos más anchos y caudalosos del río Orinoco. Sus cangrejos, por cierto, se caracterizan por ser muy grandes. En la isla existe una gran variedad de camarones, peces y mariscos.

Un rico pozo petrolero en Isla Cotorra fue muy productivo. Cuando se secó y el crudo estaba demasiado saturado por el azufre se prefirió dejar de explotarlo. Eso ocurrió en la década de los años 60.

No es la geografía del estado Delta Amacuro, ciertamente, la más conocida por el común de los venezolanos. Pasa casi lo mismo con otro estado amplio y lleno de maravillas

---

[114] *Ibídem*, p. 2.

naturales: Amazonas. La localidad de La Línea es cercana al río Barima, que nace en el Esequibo.

Los manglares del Delta del Orinoco poseen las ostras de mayor tamaño de Venezuela. Quizás en el futuro pueda aprovecharse ese potencial para la industria de la alimentación.

La población del estado está orgullosamente integrada por los Warao, pueblo que habita el Delta del Orinoco. Son navegantes verdaderamente diestros, desde niños aprenden a manejar las piraguas.

La palma de moriche es uno de sus alimentos. De su tronco extraen la harina yuruma, y toman su guarapo, que fermentado se convierte en el mojobo. La pulpa de fruta remojada en las márgenes del río es deliciosa.

La casa tradicional warao es el janoko, de forma rectangular con techo de palma de temiche, pisos de troncos de palma o de mangle, en su mayoría sin paredes. Los warao solo utilizan hojas para protegerse del viento. Su cultura es un imprescindible valor para el país y debe velarse por proteger su idioma y sus tradiciones, espejos en los que podemos ver con claridad los orígenes de nuestra Venezuela.

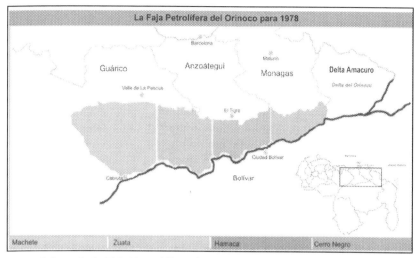

Mapa de la Faja Petrolífera del Orinoco para 1978 (Navarro).

"Mapa de las Concesiones Petroleras en Venezuela [1937]"
Archivo de Chuck Clausen. Sección de Mapas.

Capítulo II.

La transformación del Oriente venezolano,

1938-1958.

Debido al proceso de exploración de pozos y a la construcción de campamentos petroleros, hubo una importante migración de personas con la intención de trabajar en las actividades asociadas a los servicios de los nuevos asentamientos. La región comenzaba a perfilarse como la vital porción del territorio venezolano que es hoy en día.

En su mayoría, las diversas poblaciones localizadas en ese territorio están íntimamente relacionadas con la intensa actividad petrolera de la región. En el período de 1938 a 1958, la infraestructura petrolera en la región creció cuando surgieron edificaciones, alfarerías, almacenes industriales, instalaciones para acueductos, torres de perforación y carreteras, con un amplio despliegue de técnicos y obreros a lo largo y ancho de la zona. Diversas actividades y servicios se desarrollaron a fin de proveer a los habitantes de la zona una mejor calidad de vida, aunque el volumen de personas que se desplazaron a muchas de estas localidades hizo que aparecieran zonas alrededor de los campamentos petroleros en las que los servicios eran escasos y la calidad de vida notablemente baja en comparación a las áreas más desarrolladas.

El proceso de expansión de la producción petrolera desde 1937 fue intenso y pujante. El mapa muestra cómo las empresas petroleras comenzaron a ocupar la región Oriental.

En particular, las dos compañías que comenzaron a transformar el espacio de la región fueron la Standard Oil de Venezuela y la Gulf.

Es necesario destacar la presencia en Venezuela del presidente de la Standard Oil, Nelson A. Rockefeller. La concentración de los esfuerzos norteamericanos en una turbulenta Europa creó un vacío en las relaciones entre Norte y Suramérica que este multimillonario estadounidense intentó llenar usando sus propios medios.

En sintonía con la concepción de "*sembrar el petróleo*", que con la plena vigencia de las ideas de un destacado economista nativo de Zea, estado Mérida, Alberto Adriani, el prolífico escritor Arturo Uslar Pietri esbozara en el diario caraqueño "Ahora" del 14 de julio de 1936:

> "Para NAR [Nelson A. Rockefeller] y algunos de sus asociados en el país, la siembra del petróleo consistiría

en algo muy concreto: estimular áreas de la economía no relacionadas con la industria petrolera, lo cual tendría como resultado la diversificación de la producción nacional, reduciendo así la dependencia del petróleo y ampliando las posibilidades de abastecimiento masivo de bienes.

El concepto clave sería el de "fomento". Sería el inicio del modelo sustitutivo de importación de bienes de consumo. Bajo estos principios, el 16 de abril de 1940, Nelson A. Rockefeller estableció la Compañía de Fomento Venezolano, S.A., con un capital de bs. 800.000. Esa empresa fue la precursora de una serie de iniciativas empresariales en Venezuela y el resto de América Latina.

Entre 1947 y 1955 se creó la Venezuelan Basic Economy Corporation (VBEC) con cuatro empresas asociadas: una agrícola (PACA), una pesquera (Pesca), una industria láctea (Inlaca) y una mayorista de alimentos que luego sería la cadena de supermercados CADA."[115]

Nelson A. Rockefeller había visitado Venezuela en varias oportunidades desde 1939. Cercano asesor del gobierno estadounidense, para este multimillonario empresario Venezuela era una fuente importantísima de sus ganancias:

[115] Lorenzo González Casas, "Nelson A. Rockefeller y la modernidad venezolana: Intercambios, empresas y lugares del siglo XX", en: Juan José Martín Frechilla y Yolanda Texera Arnal (comps.) *Petróleo nuestro y ajeno. La ilusión de modernidad*, Consejo de Desarrollo Científico y Humanístico- UCV, Caracas, 2004, p. 182.

"Dos tercios de la inversión en petróleo venezolano,
estimada para 1948 en más de 2 mil millones de dólares,
provenía de los Estados Unidos. La participación de
la Standard Oil, la mayor productora y distribuidora
de petróleo y sus derivados en el mundo era
predominante."[116]

La inversión de las compañías petroleras estadounidenses
en Venezuela, dentro de las que destaca la Standard Oil a la
cabeza, tuvo, indudablemente, impacto en la transformación
geohistórica de las diversas regiones del país:

"Tan intensa actividad hacía que hasta los más
recónditos parajes venezolanos se incorporasen a la
producción petrolera, como lo destacara en 1940, en
carta a Nelson Rockefeller, Carl B. Spaeth, visitante
norteamericano, quien resaltaba la renovación del
ambiente físico y social, cuyas "carreteras, puentes,
hospitales, escuelas y puertos construidos son
obviamente contribuciones permanente a la vida del
país . . . [apoyados en la] rutina regular y disciplina en el
saludable ambiente de los campos petroleros".[117]

No hay que dejar de considerar que el Dr. Enrique
Guillermo Tejera seleccionó a los Doctores Martín Vegas,
Arnoldo Gabaldón, Leopoldo García Maldonado, José
Ignacio Baldó, Julio Diez, y a otros destacados sanitaristas
como sus colaboradores en el Ministerio de Sanidad y
Asistencia Social, a comienzos de 1936. Ellos contribuyeron

[116]   *Ibídem*, p. 172.
[117]   Lorenzo González Casas, *Ob. Cit.*, p. 174.

101

arduamente con la salud en el país. La Fundación Rockefeller, para respaldar la lucha contra el anopheles, hizo importantes contribuciones. Los resultados están a la vista, entre 1959 y 1964, Venezuela fue el primer país de la zona tropical en erradicar la terrible malaria.

Uno de los testimonios de mayor valor con respecto a lo que hizo Nelson Rockefeller en Venezuela es el que escribe el historiador estadounidense Arthur Schlesinger, cercano asistente del presidente Kennedy.

Schlesinger escribió:

"En el transcurso de la guerra, Nelson Rockefeller, como coordinador de la Oficina de Asuntos Interamericanos, comenzó a desarrollar las implicaciones económicas de la política de Buena Vecindad, iniciando con ello los primeros programas de ayuda técnica. Era un punto de partida brillante y prometedor; pero después de la guerra se vino todo abajo (al menos como tarea oficial, aunque Rockefeller trató privadamente y por varios medios de mantener la empresa). Preocupado el Gobierno de los Estados Unidos con la recuperación de Europa y más tarde con la Guerra de Corea (. . .) se olvidó de América Latina. Entre 1945 y 1960 solamente el Estado de Yugoslavia—un país comunista cien por cien—recibió de los Estados Unidos más dinero que toda la América Latina."[118]

---

[118] Arthur Schlesinger, *Los mil días de Kennedy*, Barcelona, Aymá, 1966, p. 136.

Esto, desde luego, con el firme propósito de hacer frente, también en nuestro continente, al comunismo que por la vía de las armas procuraba imponer la Unión Soviética.

Al respecto, apenas un año después del fin de la Segunda Guerra Mundial, en 1946, Arthur Schlesinger escribió:

"¿Cuál debería ser la política de Estados Unidos? Hay muchas facetas del complejo problema sudamericano que no atañen a los Estados Unidos. Pero hay una que le es accesible: la economía, y una manera en que los Estados Unidos pueden actuar para dominar el comunismo, es crear y poner en práctica medidas coordinadas para tratar la inestabilidad económica de América Latina. Debemos aumentar y extender las conquistas realizadas durante la guerra en el campo de la industrialización, la alimentación, la salud pública y la educación."[119]

La pugna entre las dos grandes potencias del final de la Segunda Guerra Mundial iba en aumento. Uno de sus principales escenarios era la Europa devastada:

"El proceso de formación del bloque occidental se vio acelerado por los intentos casi desesperados de los dirigentes soviéticos por impedir la constitución del Estado de Alemania Occidental—consecuencia lógica de la inclusión de las tres zonas occidentales en el programa de reconstrucción de Europa Occidental—en el último momento.

---

[119] *Idem.*

Después de que los representantes de los Estados Unidos y de los países del tratado de Bruselas se pusieron de acuerdo en Londres, a principios de junio de 1948, sobre la forma de la nueva organización estatal de Alemania occidental, Stalin tomó como pretexto la reforma monetaria realizada en los sectores occidentales de Berlín para bloquear las comunicaciones terrestres entre Berlín y las zonas occidentales (a partir del 24 de junio): sólo así le pareció posible detener la puesta en práctica de los acuerdos de Londres y poner de nuevo en marcha las conversaciones sobre una solución global para Alemania.

(. . .) cuando a finales de agosto se puso de manifiesto que el abastecimiento de la población de Berlín Occidental se podía asegurar a través de un puente aéreo y que el gobierno francés se sentía más atemorizado ante una solución global para Alemania que ante la fundación del Estado de Alemania Occidental, Marshall y Truman no sólo resolvieron proseguir, sino que incluso retardaron la interrupción del bloqueo de Berlín (por parte del ejército rojo) mediante una falta de atención premeditada a las ofertas soviéticas de negociación, dado que la crisis, que ahora ya no resultaba peligrosa para los berlineses occidentales, pero que ponía sin embargo diariamente de manifiesto la agresividad soviética, reveló ser un medio estupendo para superar las resistencias que aún existían contra la formación del bloque occidental. (. . .) El 4 de abril de 1949, representantes de los Estados Unidos, Canadá, Gran Bretaña, Francia, Benelux, Italia, Noruega, Dinamarca, Islandia y Portugal firmaron

en Washington el Tratado de Defensa del Atlántico
Norte; el 8 de mayo, el Consejo Parlamentario de los
territorios de Alemania Occidental promulgó las Leyes
Fundamentales de la República Federal Alemana.

(. . .) En mayo de 1949 se levantó tácitamente el
bloqueo; en los territorios de la zona de ocupación
soviética se eligió un Congreso del Pueblo Alemán
en base a una lista unitaria controlada por el Partido
Socialista Unificado de Alemania (SED) y éste aceptó
la constitución—concebida ya en 1948 bajo un signo
propagandístico referido al conjunto de Alemania—de
una República Democrática Alemana, haciéndola entrar
en vigor el 7 de octubre de 1949, después de haber
esperado la formación del primer gobierno federal en
Alemania Occidental."[120]

A la par de estos graves acontecimientos, en una
Europa azotada por la tragedia, en Venezuela ocurría una
progresiva transformación que se nutría de la unión—que
innegablemente enriqueció al país-, de unos 5 millones de
venezolanos con cientos de miles de emigrantes que llegaban
a nuestros puertos.

Venía acompañada por los valores y los modos de vida
de quienes llegaban al país para trabajar en los campamentos
y extraer el petróleo del subsuelo. Y cuando no sumaban
su mano de obra directamente a esta actividad, lo hacían
entonces al progreso—entiéndase infraestructura, auge de

[120] Benz, Wolfgang y Hermann Graml, *Europa después de la Segunda Guerra Mundial*, México, Siglo veintiuno editores, 1986, p. 36.

la actividad comercial y de servicios—, derivado de la renta de la misma.

Al país no solo llegaron materiales y técnicas de construcción, llegaron también criterios, visiones, parámetros y sensibilidades. En cuanto a la industria petrolera, esto ocurrió especialmente con los preceptos venidos de América del Norte, por la creciente industrialización y auge económico que experimentó los Estados Unidos luego de 1945:

"La guerra también dio por resultado un cambio revolucionario de la política fiscal. Los gastos totales federales en los años de guerra fueron más de 320000 millones de dólares, el doble del total de gastos federales en toda la historia anterior de la República. Cuando en 1936 el gasto del gobierno totalizó 8000 millones de dólares, los críticos habían gritado que el New Deal estaba arriesgándose a la bancarrota nacional. Cuando el gobierno gastó 98000 millones en 1945, pocos se preocuparon, pues el país disfrutaba de una gran prosperidad."[121]

Esta transformación tuvo expresión en los nuevos espacios de la exploración y explotación petrolera.

"Sin profundizar en la salubridad de los campos y menos aún en los cordones de pobreza que los rodeaban, aspecto estudiado por diversos autores, es preciso acotar que, ciertamente, el paisaje del país estaba en proceso de

---

[121] Morison, Samuel Eliot, Henry Steele Commager y William E. Leuchtenburg, *Breve historia de los Estados Unidos de América*, México, Fondo de Cultura Económica, 1999, p. 723.

transformación por la penetración de normas y formas del capitalismo e industrialismo norteamericano. Como ejemplos de esos cambios, cabe destacar dos paisajes de la modernidad que fueron introducidos desde los mismos inicios de la exploración petrolera: los campos petroleros (incluyendo refinerías) y sus conjuntos residenciales. Ciertamente, uno de los paisajes más notables que produjo la industrialización fue el de los campos petroleros, con sus gabarras, balancines y cabrias, oleoductos, muelles, talleres, plantas separadoras de gas y demás patios e instalaciones. En Venezuela, esos lugares aparecían magnificados por su localización y extension."[122]

No es de extrañar que la forma de ocupación del espacio venezolano, por parte de las compañías petroleras extranjeras, tuviese también en la región oriental, elementos similares en la manera en cómo se conformaban, en los Estados Unidos de América, los espacios suburbanos:

"Por su parte, los asentamientos residenciales de las compañías (o campamentos) introdujeron al país segmentos del paisaje suburbano norteamericano, repetición de unidades aisladas rodeadas por una cerca que impedía su crecimiento ad infinitum, como en las praderas norteamericanas.

Los campamentos estaban provistos, en comparación con la inmensa mayoría de los núcleos urbanos en Venezuela, de mejores viviendas, un suministro de agua regular y confiable, servicio postal, plomería, recolección frecuente y disposición eficiente de basura, caminos pavimentados, buen mantenimiento de edificios y áreas verdes, escuelas, clubes

---

[122] *Ibídem*, p. 175.

como centros de vida social, servicios médicos, tiendas y comisariatos . . ."[123]

Una nueva manera de ocupar el espacio, de interactuar con las dificultades que suponía habitar climas calurosos, lluvias inclementes, condiciones de relieve, enfermedades propias del trópico, inundaciones y limitación de acceso al agua potable, se fue imponiendo progresivamente desde los años 20, hasta conformar nuevas localidades desde las cuales se coordinaban las operaciones que permitieron a Venezuela convertirse en el primer productor de petróleo del mundo en pocos años.

La construcción de las primeras escuelas y hospitales en la región, con la consecuente presencia de médicos y educadores permitió a Venezuela comenzar a enfrentar con pasos firmes dos de las más duras condiciones en las que se hallaba el pueblo: la carencia de atención médica de calidad y el acceso a la escolaridad. Por otra parte, la introducción de campañas de fumigación usando DDT y de la vacunación contra el paludismo y la fiebre amarilla, con la partipación de la Standard Oil de Venezuela, contribuyó a luchar contra ambos flagelos.

A propósito de este crecimiento, expresado en mejor infraestructura y acceso a nuevas oportunidades laborales, el Ministro de Fomento Manuel R. Egaña, en su segundo ejercicio al frente de esa cartera (1949-1950) advierte sobre:

---

[123] Lorenzo González Casas, *Ob. Cit.*, p. 176.

"La dicotomía entre la prosperidad petrolera urbana y el abandono de las actividades agrícolas y pecuarias, el masivo flujo de mano de obra de las zonas rurales a las capitales y regiones petroleras, la sobrevaluación del bolívar, el restringido tamaño del mercado doméstico que obstaculizaba la obtención de beneficios de economías de escala y la alta capacidad importadora de la economía nacional por la fortaleza de nuestro signo monetario."[124]

En pocos años, Venezuela alcanzó una de las más altas tasas de crecimiento del mundo, con un PIB que en 1949 triplicó el de 1936. En esos 13 años, la producción aumentó considerablemente, y el precio de cada barril había pasado de 0,88 a 2,25 dólares estadounidenses.[125]

Quiriquire y Caripito.

La Standard Oil de Venezuela designó a Caripito, estado Monagas como la localidad desde la cual comenzaría a explorar y explotar el petróleo de la región. Su primer campamento data de 1922, cuando se estableció en el área de Quiriquire (Campamento "Perro Seco"). El primer campamento estaba compuesto por cerca de 50 casas con paredes de bahareque y techo de palma[126].

Para 1928, con el descubrimiento del inmenso pozo petrolero Mobeb-1, el 1 de junio de ese año, la Standard Oil comenzó a instalarse con mayor decisión en la zona, luego

[124] Luis Xavier Grisanti, *Ob. Cit,*. p. 83
[125] *Idem.*
[126] Alfredo Cilento Sarli, *Ob. Cit.,* p. 148.

de años de inversión (casi 20 millones de dólares) sin ningún potencial de producción comercial:

"La empresa más agresiva en las operaciones, adelantando sin desmayo un programa de grandes proporciones, era la Standard Oil de Venezuela. Comenzaron con una perforación ambiciosa, en una bella estructura geológica en el piedemonte a 11 kilómetros al oeste de un vecindario llamado Quiriquire, que oficialmente se denominó Monas-1 y de hecho se bautizó Perro Seco N° 1. Buzamiento abajo de los profusos menes que marcaban la cresta del anticlinal, se ahincó la barrena bajo los golpes contínuos, para no encontrar sino petróleo pesado y poco, algo más de un metro cúbico diario, así como el flujo de 3 m² por día de agua sulfurosa."[127]

La exploración de la región se produjo en condiciones muy adversas, en zonas insalubres, casi despobladas, con abundantes pantanos y selvas. En la época de invierno las lluvias eran inclementes con los exploradores:

"Para tener una idea del espíritu emprendedor y del temple de pionero de los hombres—criollos y extranjeros—que exploraron la jungla y los pantanos y descubrieron y desarrollaron los campos petroleros de Venezuela, debemos trasladarnos a la época de

---

[127] Anibal Martínez, *Historia Petrolera de Venezuela en 20 jornadas*, Caracas, Edreca, 1973, p. 104.

esos acontecimientos, que coinciden, en términos de tiempo, con las labores llevadas a cabo en el Zulia."[128]

Estos hombres se enfrentaron al paludismo, a la tuberculosis y a una pasmosa variedad de enfermedades intestinales. Las condiciones sanitarias de Venezuela para la década de los años 30 eran muy deficientes y el agua potable resultaba un verdadero privilegio.

La lata de agua, equivalente a 20 litros, costaba un real:

"Un real equivale a lo que, en 1931, se obtenía por un barril de petróleo en el puerto de Houston". [129]

Las comunicaciones en la zona resultaban difíciles. En el año 1930, para ir a Caracas, desde Maturín, una persona debía embarcarse en el río Guarapiche para viajar en un tipo de embarcación a vela llamada "tres puños".

La embarcación navegaba a través del caño Colorado y del caño Francés (pertenecientes a la cuenca del río San Juan) hasta llegar hasta Puerto España, Trinidad, cruzando el Golfo de Paria.

Una vez en Trinidad, el pasajero debía esperar para abordar algún barco que tuviera la ruta Europa-Panamá. Entonces, desde allí continuaría la navegación hasta los puertos Carúpano, Cumaná, La Guaira y Curazao.

---

[128] Memorias de Richard Monnin, *Los Hombres del Petróleo en Oriente*, Maturín, 1980, p. 7.
[129] *Idem.*

Desde el establecimiento de la Standard Oil en Caripito, muchos fueron los hombres que se acercaron a la sede de la compañía en busca de trabajo. A comienzos de los años 30, la situación financiera de la región atravesaba un momento particularmente complejo, dada la crisis de los precios del cacao y la actitud despótica de los dueños de las embarcaciones de pesca en la costa de Sucre y en la Isla de Margarita. Lo común era que muchos de ellos aprovecharan la escasez de fuentes de empleo para explotar a los trabajadores.

Muchos venezolanos de ambas regiones acudieron a Caripito en busca de sustento. La ciudad de Maturín era a comienzos de los años 30 una población de cerca de 7.000 habitantes. Para el año 1961, su crecimiento poblacional es impresionante: 58.000 habitantes[130]. La exploración en la zona, que se venía desarrollando desde 1921, había conformado en el caserío de Quiriquire una base de operaciones para Standard Oil de Venezuela:

"Los geólogos norteamericanos adquirieron un terreno grande en la margen izquierda del río Guarapiche, a unos cien metros del viejo puente y, eventualmente, construyeron galpones para depósitos de materiales, máquinas, etc., comenzando las operaciones exploratorias al sur y al este del Caserío de Quiriquire".[131]

[130] Alfredo Cilento Sarli, *Ob. Cit.*, p. 149.
[131] Memorias de Richard Monnin, *Ob. Cit.*, p. 6.

La Standard Oil de Venezuela finalizó la construcción del muelle sobre el río San Juan en Caripito el 1 de junio de 1928. La importante refinería de Caripito se inauguró en 1931.

El muelle de Caripito permitía la exportación de petróleo y el desembarco de material, maquinaria y equipo para las operaciones de exploración y explotación. Todos los insumos necesarios para la exploración del territorio debían entrar por el río San juan.

Desde 1928 a 1935, en el muelle sobre el río San Juan operaría el buque "Navahoe" para el transporte del crudo:

> "Los tanqueros de ultramar embarcaban solo parte de la carga en los muelles de Caripito, de manera de poder salvar la barra de Maturín, en el punto de menor calado en la desembocadura del río San Juan al golfo de Paria, y se terminaban de llenar con el stock del "Navahoe". [132]

Un ferrocarril se encargaba de llevar a los empleados y la mercancía desde el muelle hasta el campamento. También había un pequeño vehículo transformado en una especie de tren auxiliar. El ruido que provocaba era estruendoso, pero gracias a este medio de transporte se completaba la provisión de alimentos y demás suministros, tanto para Caripito como para todos los demás campamentos de la Standard Oil en la región.

---

[132] *Ibídem*, 7.

Rail Car
SOV Caripito
1941

Pequeño vehículo transformado en tren auxiliar. Archivo de
Randy Trahan [1940].

Caripito está 32 kms. al norte de Quiriquire, y ambas
son las localidades desde donde operaba Standard Oil de
Venezuela en la primera etapa de sus operaciones en Oriente.
La carretera entre Quiriquire y Caripito fue terminada el 15
de junio de 1928. Se cubrió con petróleo pesado y tierra con
poco granzón para simular una especie de "lomo" al centro,
pues las intensas lluvias podrían causar el colapso de la vía, y
con esa forma, el agua tendería a salir hacia los extremos de
la carretera.

Los laboratorios de procesamiento de mapas y fotografías
aéreas de la Standard Oil se establecieron en Maturín. Para
ello, la compañía usó un Fairchild con un sistema de cámara de
última generación para la época, y un avión anfibio Sikorsky
para viajar entre Punta de Leiva (en Zulia), el cuartel general
de Standard Oil en Venezuela, y las zonas de exploración.

En el año 1928, la Standard Oil de Venezuela decidió construir sus oficinas y erigir sus campamentos en la zona "El 15", muy cerca de Quiriquire, y en Caripito, lo más cerca del muelle sobre el río San Juan.

La zona "Miraflores" alojaba al personal técnico. Los campamentos de Caripito se convirtirían en los diez años siguientes en "La Floresta" y "El Porvenir".

> "(. . .)que reúnen algunas condiciones urbanísticas nuevas: viviendas cómodas, escuelas, un club para los empleados, un hospital de 200 camas, campos deportivos, y el sector industrial del campo bien dotado de oficinas, depósitos y talleres".[133]

En 1931, las oficinas principales de la Standard Oil de Venezuela, ubicadas en Punta de Leiva (Zulia) se trasladaron a Caripito. La mudanza consistió en desmantelar las casas de habitación (hechas de madera) y los edificios de metal, con todo el equipo, máquinas, materiales y mobiliario para llevarlas por barco al nuevo enclave de las operaciones en Oriente.

Un gran tanque elevado para almacenar agua potable fue desmontado para llevarlo a Caripito. Este tanque había sido usado en México por la Standard Oil desde 1921.

Para el transporte de toda la mudanza se fletó el vapor holandés "El Libertador", que también llevó a los empleados desde Zulia a Monagas. Para el material rezagado se usaron

---

[133]   Alfredo Cilento Sarli, *Ob. Cit.,* p. 149.

los servicios del vapor "Phoenix". Los primeros pioneros de la Standard Oil de Venezuela dormían en carpas mientras ensamblaban toda la infraestructura del nuevo cuartel general de operaciones en Oriente. En un mes, la Standard Oil de Venezuela tuvo su nueva sede en plena actividad.

En 1932 y 1933 se instalaron las primeras plantas de compresión para inyectar gas[134] en pozos, en el campo Quiriquire, y en el de Cumarebo, al otro lado del país, en el estado Falcón.

La Standard Oil de Venezuela se preocupó por contribuir con los ganaderos y agricultores vecinos de Caripito, propiciando la introducción, con los debidos permisos, de razas bovinas y porcinas para mejorar el ganado, y de semillas citrus y de mango para la actividad agrícola:

"No pasó mucho tiempo antes de que los campos petroleros de Oriente se viesen suplidos de hortalizas en cantidad, cuya variedad fue aumentando a medida que los cultivadores iban desarrollando más mercados y se percataban que cultivar hortalizas era un buen medio de subsistencia."[135]

Desde 1930 estaba en plena operación el hospital de la Standard Oil de Venezuela en Quiriquire, y por iniciativa de la compañía, se recomendó la ingesta de cinco gramos de quinina al día:

---

[134] Tenían una capacidad de 100.000 m³ por día.
[135] *Ibídem*, p. 12.

"Como la quinina afecta el oído, muchos de los novatos no querían tomarla. Para remediar esto, y por el bien de los trabajadores, el listero encargado de comprobar la lista dos veces al día, tenía un ayudante. El listero solo perforaba la tarjeta del trabajador y lo anotaba como "trabajando" cuando éste ingería la pastilla que le daba el ayudante".[136]

El listero era el que comprobaba la asistencia del trabajador a sus labores, y la perforación de la tarjeta garantizaba que devengara su salario.

Muy probablemente, la ausencia de la quinina hubiese ocasionado que la actividad petrolera en la región oriental se hubiera retardado varios años, motivado al paludismo.

Ya en 1941, con los avances del DDT, la Standard Oil de Venezuela trajo al país expertos para combatir, con éxito, al anopheles y las devastadoras enfermedades como el paludismo y la fiebre amarilla.

El hospital de Quiriquire se convertiría a la postre, en uno de los mejores hospitales del país, lugar de residencia para los jóvenes médicos que estudiaban en la Universidad Central de Venezuela.

Desde 1921, el trabajador venezolano era entrenado por el "*Tool Pusher*" (capataz de perforación) en labores como la de perforador, encuellador, winchero y obrero de pozo. Poco a poco los venezolanos iban ocupando esas actividades, que

---

[136] *Ibídem,* p. 13.

transformaban el espacio físico de la región. Para 1938, ya la experticia de los obreros venezolanos era reconocida por la Standard Oil de Venezuela.

> "Buscando mejor vida, seguía llegando gente de Margarita y de Sucre. La mayoría viajaba desde Sucre por el caño Cruz, los ríos San Juan y Caripe, para desembocar en el Bajo de Caripito, a orillas del río Caripe donde estaba instalada la oficina de resguardo. Al principio, hasta el año 1942, el aprendizaje o entrenamiento era informal en el trabajo y dependía concretamente del supervisor inmediato."[137]

No existían los manuales ni los cursos sofisticados. El aprendizaje era absolutamente empírico, trabajando y produciendo. Los supervisores y capataces era gente de amplia experiencia, oriundos, entre otros estados de los Estados Unidos de América, de Texas, Oklahoma y Louisiana.

Para 1941, la población de venezolanos residentes en el estado Monagas era de 121.478 habitantes, a este dato debemos considerar que se sumaron 21.930 personas desde el estado Sucre y 9.886 personas desde la Isla de Margarita.[138]

> "La receptividad y facilidad del criollo para aprender oficios nuevos y el uso de máquinas y herramientas que

---

[137] *Ibídem*, p. 17.
[138] Instituto Nacional de Estadística, *Octavo Censo de la Nación*, Caracas, INE, 1941, Tomo XII, Parte A, cuadro 45.

no había visto nunca, ni en sueños, eran sorprendentes y así se expresaban los norteamericanos."[139]

El sentido común imperaba en las primeras operaciones de exploración en la región. No era sencillo tomar a aquella cantidad de jóvenes ambiciosos y valientes, muchos de ellos comenzando una nueva vida lejos de sus tierras y de sus seres queridos, y atemperar sus ganas de tomar atajos en los procedimientos. Se buscaba, desde la alta gerencia de la Standard Oil, la disciplina y la calidad.

En el año 1933, hubo un proyecto para construir un oleoducto desde Caripito al puerto de Carúpano, pero debido a que los dueños de las tierras por donde pasaría la tubería no aceptaron el acuerdo económico que proponía la Standard Oil de Venezuela, el plan no se materializó.

El idioma también resultaba una barrera a vencer:
"Muchos supervisores no comprendían que el castellano era el idioma de esta tierra y no hacían gran esfuerzo por entenderlo. Tampoco entendían la idiosincrasia criolla. Otros, no tenían ese don innato de supervisar gente con profundo orgullo nacional y creaban problemas que ellos mismos no lograban entender. Las deficiencias en las comunicaciones, no solo por el idioma, creaban enfrentamientos culturales poco comprendidos en la época." [140]

---

[139] Memorias de Richard Monnin, *Ob. Cit.*, p. 17.
[140] *Ibídem*, p. 18.

En 1937, el Vicepresidente de Standard Oil de Venezuela, Henry Linam, comisionó a Homer Chapman como Director de Personal para resolver los problemas que se presentaban en las comunicaciones entre venezolanos y estadounidenses.

La primera medida que tomó fue la de designar maestros de castellano en los campamentos para que los estadounidenses aprendieran el idioma. También, propició un acercamiento a la cultura y la historia venezolana. Cada jefe departamental tenía las puertas abiertas para consultar sobre alguna situación en particular acerca de los empleados, y éstos podían recurrir, en estricto orden de respeto a la jerarquía, primero a su jefe inmediato y luego a la nómina ejecutiva en el caso de algún problema o duda.

Se requería con urgencia de un manual de procedimientos que regulara la materia de la administración de personal. Una nueva etapa en las relaciones entre estadounidenses y venezolanos en los campos petroleros de la región empezaría con la llegada a Caripito de Milton Hagen en 1942, bajo cuyo mando se establecerían las normas y los procedimientos en el manejo de recursos humanos, incorporando las innovaciones en el campo de las relaciones industriales a nivel mundial. El objetivo era llevar a buen puerto la difícil tarea de conducir al personal en las arduas labores de exploración y explotación en la región.

En plena Segunda Guerra Mundial, en los años 1941 y 1942, la situación se tornó muy grave para las operaciones petroleras de Venezuela. La armada alemana amenazaba con hundir a los barcos tanqueros que salían desde el muelle del río San Juan en Caripito. En tales condiciones, de acuerdo con el gobierno del General Medina Angarita, se decidió cerrar la exportación de crudo desde el muelle.

Maracaibo y Puerto La Cruz seguirían operando bajo protección de buques militares, pero submarinos alemanes lograron torpedear al menos 7 tanqueros en las rutas Maracaibo-Aruba-Maracaibo-Curazao. Para el año de 1942, la producción venezolana bajó a 400.000 barriles diarios, básicamente por la dificultad para exportar.[141]

El desempleo cundió en la región oriental. La construcción de nueva infraestructura petrolera descendió al mínimo. Se decidió implementar un programa de granjas agrícolas, con ayuda de la Standard Oil de Venezuela.

"Construímos unas cien parcelas de 100 hectáreas cada una, con casitas de bloque, techo de zinc, letrina, agua corriente y carretera pavimentada a todo lo largo de la colonia. En la parte central, cerca de Caripito, en la orilla izquierda del río Caripe, se construyó un dispensario, una escuela y una granja modelo con habitaciones para su director."[142]

El modelo que se siguió fue que los obreros sembraran maíz, arroz, caraotas, yuca, etc., y criaran aves de corral y cochinos, entre otros. El ingeniero Roberto Maduro fue responsable de la granja modelo, que en 1943, cuando se

---

[141] José Giacopini Zárraga, *Antecedentes Históricos de la Industria Petrolera Nacional*, Caracas, PDVSA, 1985, p. 36.
[142] Ibídem, p.30.

normalizaron las operaciones de la Standard Oil en la región, sirvió de refugio a los miles de europeos que escapaban de la desolación dejada por la conflagración en su continente. Veían esperanzados a Venezuela, una tierra propicia para empezar de nuevo luego del horror.

Una buena cantidad de polacos venían en ese grupo. Ryszard Kapuscinski narró los eventos que vivió en septiembre de 1939, cuando en su niñez los soviéticos llegaron a su escuela, con el firme propósito de adoctrinar a los más jóvenes para que los líderes del Partido Comunista de la URSS se convirtieran en objetos de devoción:

> "Niños, dijo el maestro con una voz que recordaba el sonido de madera hueca, éstos son vuestros líderes. Eran nueve. Se llamaban Andréiev, Voroshílov, Zhdánov, Kaganóvich, Kalinin, Mikoián, Mólotov, Jruschov, y el noveno prócer era Stalin. El señor que ha escrito un libro tan gordo como *Voprosy leninisma* (con el cual aprendíamos a leer) debía tener una insignia más grande que los otros.
> Las insignias las prendíamos con imperdibles en la parte izquierda del pecho, donde los mayores llevaban medallas. Pero no tardó en aparecer un problema: faltaron algunas. El ideal, o incluso el deber, consistía en lucir a todos los líderes, encabezando la colección la insignia grande de Stalin. Lo dijeron los enkavedés[143]: ¡Hay que llevarlos a todos! Sin embargo, resultó que alguno tenía un Zhdánov y no tenía un Mikoián, y otro,

---

[143] Miembros del Comisariado Popular de Asuntos Internos, (NKVD) predecesor del KGB soviético. (Nota del autor).

que tenía dos Kaganóvich y ningún Molotov. Un día Janek [*otro niño en edad escolar compañero de Kapuscinski*] trajo nada menos que cuatro Jruschov, que cambió por un Stalin (el suyo se lo habían robado). Teníamos entre nosotros a un auténtico Creso: Petrus, que poseía nada menos que tres Stalin. Los sacaba orgulloso del bolsillo, nos los enseñaba y presumía de esto.

Un día, Jaim, que se sentaba en un pupitre junto al mío, me llevó aparte. Quería cambiar dos Andréiev por un Mikoián, pero le dije que los Andréiev tenían una cotización muy baja (lo cual era cierto, pues nadie lograba descubrir quién era el tal Andréiev) y no acepté su oferta. Al día siguiente Jaim volvió a llevarme aparte y sacó del bolsillo un Voroshílov. Me estremecí de emoción. ¡Voroshílov era mi sueño! Llevaba uniforme, con lo cual olía a guerra. Y como la guerra ya la había conocido, me resultaba muy familiar. Por él le di a Jaim un Zhdánov y un Kaganóvich, añadiendo además un Mikoián. En términos generales, Voroshílov se cotizaba muy bien. Al igual que Mólotov. Por él se podían conseguir tres de los otros, debido a que los mayores decían que Mólotov era importante. Tampoco se cotizaba mal Kalinin, tal vez gracias a que su aspecto recordaba al de un viejecito de Polesie. Tenía una perilla rubia y era el único que esbozaba algo parecido a una sonrisa."[144]

Desde Europa, llegaron a una tierra alejada de aquel absurdo, en la que ningún Partido único les obligaría jamás a someterse.

---

[144] Ryszard Kapuscinski, *El Imperio*, Barcelona, Anagrama, 1994, p. 15.

A partir 1938, las exploraciones en la región de la Faja Petrolífera del Orinoco se realizaban en muy duras condiciones. El mapa de concesiones para la Standard Oil de Venezuela abarcaba desde Guárico pasando por Anzoátegui y finalmente llegando a Monagas y el Delta del Orinoco. Los empleados trabajaban casi doce horas por día, desde el lunes hasta el mediodía del domingo.

Se produjo una constante tala de árboles, y la caza de animales era habitual para comer. El cambio medioambiental comenzó a notarse de inmediato, y eso tendría graves consecuencias para futuras generaciones. En aquellos tiempos todavía era común ver a los venados por manadas en las sabanas y de chigüires en los ríos y caños de la región.

En 1938, en la construcción de las primeras casas en la región se usaba zinc para los techos. Esos techos sustituyeron a los de palma de temiche, y la demanda era tal que no se daba abasto. El crecimiento de la infraestructura y la transformación de la región, producto de la actividad petrolera, había comenzado de manera firme y sostenida.

Ese mismo año ocurrió una grave explosión en el muelle del río San Juan en Caripito. El tanquero estadounidense "Wiley" se encontraba cargando petróleo por el oleoducto y repentinamente hubo una explosión en su interior, lo que ocasionó que gran parte de la tripulación quedara atrapada. La situación se tornó desesperante por la cantidad de llamas que se produjeron cuando el petróleo entró en contacto con el fuego que se propagaba desde el barco. Art Proufit, ingeniero del campo y futuro presidente de Standard Oil, organizó las cuadrillas para apagar las llamas usando una tecnología basada en la sustancia "foamita", una especie de espuma diseñada para sofocar incendios. El saldo final de la tragedia fue de una persona fallecida.[145]

La transformación de Quiriquire y Caripito es apreciable a través de las fotografías de la época. En Caripito fue construida la refinería y adecuado el terminal de embarque sobre el río San Juan, vital canal de navegación a través del cual entraban los insumos necesarios para la exploración y explotación petrolera en toda la región, y salía la producción al exterior.

La población en Caripito, para 1941, era de 11.847 habitantes.[146]

145   PDVSA, *Los Antecesores*, Caracas, Lagoven, 1989, p. 209.
146   Alfredo Cilento Sarli, *Ob. Cit.*, p. 150.

"Caripito[1938]" Archivo de Randy Trahan. Sección de Mapas.

En Caripito comenzaba la construcción de nueva infraestructura con la tala de árboles alrededor de la zona de influencia del campamento petrolero y de las nacientes instalaciones. El río que se aprecia a la derecha es el río San Juan, desde donde los barcos salían hacia la barra de Maturín para luego salir al Golfo de Paria. Hacia la parte superior izquierda están ubicadas las primeras casas de los empleados en el campo de la Standard Oil de Venezuela.

Las casas se construían usando bloques y techos de zinc con revestimiento, la zona de construcción que utilizó la Standard Oil de Venezuela fue un área con una cierta inclinación, permitiendo que el agua producto de las lluvias drenara hacia el San Juan.

La construcción de nuevas carreteras incidió directamente en el crecimiento del eje Caripito-Quiriquire. La Standard Oil de Venezuela empleó cientos de obreros venezolanos y las técnicas de construcción producto de su experiencia mundial para crear vías que permitiesen el transporte efectivo del personal, los insumos, los alimentos y servicios para ambas localidades, a través de una zona caracterizada por la frondosa vegetación y la tendencia a acumular fango en los inclementes inviernos. La técnica que se utilizó fue la de dejar un "morro" en el medio para drenar el agua hacia los lados de la vía.

Fotografía de la Alfarería de Quiriquire [1938], Archivo de
Richard Monnin, Maturín, 1938.

La Alfarería de Quiriquire, planta desde la cual se satisfizo
la demanda de bloques de arcilla y los ladrillos que hicieron
posible la construcción de viviendas y nueva infraestructura
en Caripito, Quiriquire y Jusepín. Fue instalada por la Standard
Oil de Venezuela y como puede apreciarse, a la derecha
de la imagen, están los bloques acumulados listos para ser
empleados para erigir las construcciones que comenzaban a
transformar el paisaje de la zona.

Fotografía de Caripito [13 de agosto de 1937], Archivo de
Randy Trahan, 1938.

Desde el Sur, puede verse el inicio del desarrollo de
casas en el campo. Todas estas viviendas estaban destinadas
al personal de la Standard Oil de Venezuela y se procuraba
estimular el crecimiento de áreas verdes, para alojar un
campo de golf, un club social con piscina, una escuela y por
supuesto, las oficinas centrales de la compañía.

Fotografía de Caripito [1938], Archivo de Randy Trahan.

Abajo a la izquierda, está la meseta donde se comenzaría a construir la escuela del Campo. La casa del Club Social de la Standard Oil de Venezuela, con las canchas de tennis y el bowling, está en el centro, donde se aprecia el semicírculo. Aún no había piscina.

Nótese la profusa cantidad de árboles alrededor del campo, y la siembra de algunos en terrenos cercanos. Al fondo de la imagen está Caripito, en las riberas del río San Juan.

La introducción de los techos de zinc, usados en vez de la palma, fue otro de los cambios en las técnicas de construcción que vinieron con la empresa Standard Oil de Venezuela a la región. Se observó, en la construcción de los techos de las casas, una elevación "en V" para disipar el calor producto de la luz solar y permitir el drenaje del agua de la lluvia a los costados.

Son las primeras manifestaciones de una nueva manera de construir, nuevas técnicas que venían de toda la experiencia de construcción de la Standard Oil, que entrenó a los obreros usando los nuevos materiales para edificar su propia infraestructura en la región.

Además de la presencia de techos de palma y construcción de bahareque, destaca el abundante follaje, árboles de elevada altura, palmas y vegetación. El paisaje agreste, en cierta forma muy relajante, era aparente pues la naturaleza, con el cercano río San Juan, demostraba su carácter indómito al reclamar sus riberas.

Fotografía de una inundación en Caripito [1938], Archivo de Randy Trahan.

El caudal del río San Juan se desbordó en 1938, ocasionando la inundación de Caripito. Las embarcaciones se dedicaron al rescate de las personas que se protegían en los techos de palma. Se observan en la embarcación las provisiones para enfrentar el desastre.

El venezolano que comenzó a trabajar para Standard Oil de Venezuela en el inicio de las exploraciones en el Oriente se caracterizaba por su nobleza frente al trabajo y su carácter recio frente a las adversidades. Ése es uno de los valores más altos en la cruzada por la construcción de un país mejor.

Casa en Quiriquire [1938], Archivo de Randy Trahan.

Las primeras casas del Campo de Quiriquire estaban hechas sobre bases de 5 metros, a fin de captar la mayor cantidad de viento posible y que resultasen lo más frescas. También, era una medida de protección contra las serpientes y demás animales peligrosos, que abundaban en la región. El

Dr. Gustavo Coronel comenta que también la altura de las casas permitía romper el ciclo de pozos, anopheles y malaria, de acuerdo a las instrucciones de los Dres. Enrique Guillermo Tejera y Leopoldo García Maldonado, bajo la recomendación del reconocido especialista inglés J.W.W. Stephens.

Club de la SOV [1940], Archivo de Randy Trahan.

La Standard Oil de Venezuela construyó en 1940 la casa de Club del campo Caripito, lugar en torno al cual giraba la vida social de los trabajadores. Era común que se almorzara y cenara en él, y se desarrollara toda una serie de actividades festivas como celebraciones de navidad, cumpleaños, bautizos, reuniones, etc.

La presencia de serpientes y demás animales peligrosos en los campos petroleros de la región era abundante. Por esta razón, los trabajadores, al entrar en cada habitación, se cercioraban, por norma, de la presencia de estos incómodos visitantes.

En las labores de exploración en las selvas y sabanas de toda la región se tomaban todas las medidas necesarias para evitar que los trabajadores resultaran mordidos, llevando consigo machetes y usando fuego para alejar a los animales.

"Fotografía de la fuente de agua potable del Acueducto de Caripito hecho por la Standard Oil de Venezuela [1940]", Archivo de Richard Monnin.

La construcción del acueducto de Caripito, hecho por la Standard Oil de Venezuela en 1940, refleja el interés por ayudar a mejorar las condiciones de vida de los habitantes del pueblo a través del acceso de una fuente de agua potable. Es importante destacar que el acceso al agua potable era para todos por igual. Se aprecia que los niños cargaban las pimpinas para sus casas, y que sin duda esto contribuyó a mejorar la salud de muchos de los habitantes, en un ambiente donde antes de la construcción del acueducto, el agua potable prácticamente era un privilegio.

Fotografía de las oficinas del Campo de Caripito [1940],
Archivo de Richard Monnin.

Ubicadas al extremo norte del campo del Caripito, es posible apreciar las oficinas del grupo gerencial de la Standard Oil de Venezuela, separadas del resto.

Este concepto se aplicaba también en los restantes campos de la Standard Oil, pues era necesaria, con la idea de mantener una distancia apropiada de las actividades cotidianas de la familia.

Fotografía de las oficinas del Campo de Caripito [1940],
Archivo de Richard Monnin.

Las oficinas se separaban unas de otras de acuerdo al departamento al que estuviesen adscritas. Al final se aprecia el "Tank Farm" (Patio de Tanques) a una prudente distancia de las oficinas y viviendas del personal, y del pueblo de Caripito.

Fotografía del Centro de Operaciones de la Standard Oil de Venezuela en Caripito [1941], Archivo de Richard Monnin.

Desde el Centro de Operaciones de la Standard Oil de Venezuela se desarrolló el diseño del plan de exploración que llevó a las cuadrillas de trabajadores hasta los más recónditos lugares del Oriente del país, en busca del petróleo.

La edificación tenía dos pisos e igualmente estaba soportada por bases encima del suelo, a fin de procurar estabilidad, ventilación y seguridad contra enfermedades endémicas y animales.

En las oficinas del Centro de Operaciones se tomaban las decisiones neurálgicas de la compañía, y era habitual que se convocaran reuniones programadas con los jefes departamentales y los supervisores o superintendentes de todas las áreas operativas. Ese modelo gerencial de constante diálogo entre los distintos componentes del negocio aún persiste en muchas de las petroleras contemporáneas.

La construcción de casas en el campo de Caripito continuó de acuerdo a la planificación de la Standard Oil de Venezuela. A mediados de la década de los años 40 ya se notaba el rápido crecimiento de la infraestructura y de los servicios asociados a la actividad petrolera.

Fotografía del Campo de Caripito [1945]", Archivo de Randy Trahan.

Es posible apreciar, hacia la derecha, la presencia de abundantes casas para trabajadores, dentro de un ambiente de agradable vegetación.

Resalta el uso de bloques y techo de zinc. Los ventanales son amplísimos, a fin de permitir el flujo de aire para ventilar la casa frente a las altas temperaturas provocadas por el sol que predomina en la región oriental.

En la parte superior de las casa era común encontrar una toma de aire, que capta la mayor cantidad de ventilación para que la casa permanezca lo más fresca posible.

En cuanto a la educación de los niños, las maestras eran bilingües y era deseable que tuviesen experiencia tanto en historia de Venezuela como en la de los Estados Unidos de América. En la década que va de 1945 a 1955, la directora fue la profesora venezolana Mercedes Morales, que hizo dos cursos en educación financiados por la Standard Oil de Venezuela, que ya era conocida como la Creole.

Fotografía de la Celebración del Día del Corazón de Jesús en Caripito [1947], Archivo de Randy Trahan.

Se aprecia el fervor religioso de la población en el día del Corazón de Jesús. La hermosa y elegante indumentaria de los niños y del resto de los presentes denota el respeto a la celebración. Se notan los techos de zinc, que ya en esta avenida principal, reemplazaron a los de palma.

Resalta la incorporación, al fondo de la fotografía, de numerosos vehículos automotores. La presencia del vehículo automotor en Venezuela tuvo un importante auge al final de la década de los años 40 y durante toda la década de los años 50 del siglo XX.

Fotografía del Puente de Caripito Bajo con el Rincón [1948],
Archivo de Randy Trahan.

La construcción de un puente en Caripito, uniendo los sectores Caripito Bajo con El Rincón, en 1948. Con ingeniería estadounidense, aportada por la Creole, la vía permitió el paso expedito de vehículos automotores y peatones, facilitando el tránsito entre ambos sectores.

Bajo el puente, casas aún con techo de palma, están ubicadas en un declive. La obra utiliza una técnica de construcción de puentes innovadora para la época, pues las uniones están reforzadas en la parte superior con varias vigas transversales y verticales para brindar la máxima seguridad a la estructura.

El comisariato era el lugar donde los habitantes de Caripito se abastecían de alimentos e insumos personales como pastillas de jabón, toallas, etc. En esta foto podemos ver a las mujeres y hombres de Caripito con sus cestas para las compras. También a los vendedores de guarapo para refrescarse del calor. La indumentaria de las mujeres es muy elegante, usan sus mejores vestidos para socializar. Los caballeros están vestidos a la usanza de la época, con sus alpargatas y zapatos, sus pantalones de tela y sus camisas de algodón. La norma era el uso de sombreros.

Fotografía del Comisariato de Caripito [1952], Archivo de Randy Trahan.

La disposición ordenada de los productos alimenticios y el acomodo de las cajas registradoras para las ventas es esencial para dar al comprador una imagen de eficiencia y calidad. Es importante notar la abundante iluminación y la pulcritud del piso. Los ventiladores ayudaban a refrescar el lugar frente al habitual calor de Caripito.

Fotografía de la crecida del río San Juan [1949], Archivo de
Randy Trahan.

El "Tank Farm" o Zona de Tanques de Caripito aparece
al fondo de la imagen, y la impresionante crecida del río
San Juan, que anegó varias casas de la localidad. Nótese la
frondosidad de los árboles y la profusa instalación de tendido
eléctrico.

Fotografía de la entrada a Caripito [1949], Archivo de Randy Trahan.

El contraste de los techos de zinc y los de palma. Muchos iban en busca de nuevas oportunidades gracias al petróleo. Es bueno hacer notar el crecimiento de la población de Caripito, que para 1950 alcanzó 15.781 habitantes.[147]

---

[147] Alfredo Cilento Sarli, *Ob. Cit.*, p. 150.

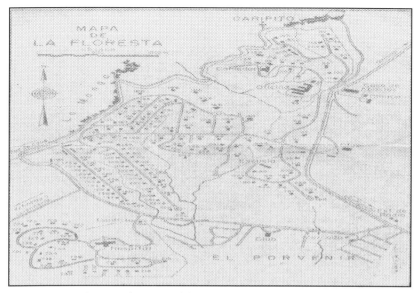

Mapa de "La Floresta" del Campo Caripito [1951], Archivo
de Randy Trahan.

Caripito [1950]. Archivo de Richard Monnin.

Fotografía de la Escuela de Caripito [1954], Archivo de Randy Trahan.

La Escuela del Campo de Caripito era un poco más pequeña que la del campo de Quiriquire. Estaba construida con bloques de cemento y con salones amplios, techos altos y ventanales a lo largo de todo el salón para permitir el flujo de aire.

El diseño de la escuela en Quiriquire fue totalmente distinto. Se construyó con un criterio mucho más moderno. De hecho, es prácticamente una réplica de cualquier escuela en algún suburbio estadounidense de la época.

Fotografía de la Escuela de Quiriquire [1950], Archivo de
Randy Trahan.

En la escuela del Campo de Quiriquire reinaba un
ambiente de encuentro entre los niños venezolanos y niños
nacidos fuera del país. Claro está, la escuela dentro del Campo
era para los hijos de los trabajadores de la Standard Oil de
Venezuela. Se procuraba contribuir con la educación de los
niños de todos los trabajadores. Aunque es bueno señalar
que aún existía una gran carencia de infraestructura educativa
en la región para muchos niños que todavía no estaban
escolarizados, situación que aún estaba por resolverse.

El incremento en la renta petrolera permitió la construcción
de numerosas escuelas y el fortalecimiento de un sistema
educativo pocos años después, ya en la etapa democrática,
que a comienzos de los años 30 era catastrófico.

Nos dice el escritor Alberto Rodríguez Barrera:

"El 15 de enero de 1964, día del Maestro, el Presidente Rómulo Betancourt manifestó lo siguiente: 'Estos cinco años de gobierno constitucional han significado un avance agresivo que, con orgullo venezolano, podemos decir que no ha sido superado en el mismo lapso en ningún país de América Latina, en ninguna época, en lo que a educación se refiere . . . Y paralelamente, sin roces y sin fricciones, cumpliendo su función educadora, ha crecido también en todos los niveles la educación privada, al amparo de la libertad de enseñanza que garantiza la Constitución de nuestro país'.

Traducidos a cifras estos impresionantes avances en la educación nacional, se pueden apreciar mejor. En educación primaria, base de todo sistema educativo, cimiento de nuestra estructura pedagógica bien orientada, la matrícula se elevó en casi 600.000 alumnos, en más de un 68% con respecto a las cifras de 1957-58. Las escuelas aumentaron en 4.324 para un 65%; y los maestros en 17.170, o sea un 82%.

Se necesitó formar con urgencia maestros para dotar a las escuelas que comenzamos a sembrar de un extremo a otro de nuestra dilatada geografía. Y así la matrícula en las escuelas normales creció verticalmente, en un 248%. La escuelas normales aumentaron en 67, o sea un 98%; y los profesores de ellas en más de 1.000, o sea un 133%. Y se ubicaban millares de graduados en las nuevas escuelas.

En educación secundaria la matrícula aumentó en casi 85.000 alumnos, o sea un crecimiento de 153%. Aumentaron los liceos en 175, o sea un 58%; y los profesores a casi 3.000, un aumento del 83%.

Al inicio del gobierno, si algún área de la educación estaba desasistida de preocupación estatal, era el área de la educación técnica. No existían sino escasísimas escuelas artesanales y muy pocas escuelas técnico-industriales. Entonces no encontraban dónde adquirir destrezas, dónde formarse como obreros calificados, muchos de los 85.000 a 100.000 jóvenes que anualmente se incorporaban al mercado de trabajo. Sin saber nada, no había empleo. La matrícula en las escuelas técnicas aumentó en 202%. Se crearon 102 escuelas más y el profesorado se incrementó en 149%.

Coetáneamente con esta acción desarrollada en las escuelas artesanales y técnicas, en las escuelas de comercio y en otras escuelas vocacionales, se realizaba la excelente labor de formación de mano de obra calificada en el Instituto Nacional de Capacitación Educativa (INCE), donde cada año salía una nueva fragua de venezolanos preparados en áreas específicas.

En los institutos pedagógicos, donde se forma personal de profesores para la educación secundaria, la matrícula creció también en una forma impresionante. Aumentó en 673%. Se creó además el Instituto Pedagógico de Barquisimeto y se aumentó el número de profesores en un 212%.

En cuanto a la educación superior, a la que se imparte en las universidades para dotar al país de los equipos científicos que necesita, para aportarle al país: médicos, ingenieros, odontólogos, economistas, químicos, psicólogos, la matrícula creció en 210%. Los alumnos en 21.000 y los profesores incrementaron en un 139%.

Nunca en la historia de Venezuela se había construido mayor número de edificaciones escolares que en estos cinco años corridos de 1959 a 1964. Se hizo más en estos cinco años de los que se hizo en los transcurridos entre 1904 y 1958, ambos inclusive. Hasta 1958 se habían construido en el país 5.600 aulas para 284.000 alumnos. De 1959 a 1963 se construyeron 6.300 aulas para alojar a 315.000 alumnos, o sea, que durante este período constitucional se construyó más que en los cincuenta años que precedieron a este quinquenio."[148]

Una joven estudiante estadounidense de quince años, de la Escuela del Campo de Caripito, escribía en su memoria:

"He vivido en Venezuela por once años y me siento como en mi casa. He estado en cuatro campos en la región oriental y he estudiado en las Escuelas de la Creole [Antes de 1943, era la Standard Oil de Venezuela].

Vivir en el extranjero me ha permitido vivir experiencias interesantes. Una de las más importantes es la de aprender español, tanto por el contacto con personas que hablan español en mi escuela como por el estudio del idioma. Adicionalmente, estoy muy orgullosa de haber podido compartir con personas de un buen país vecino de los Estados Unidos, sobre

[148] Alberto Rodríguez Barrera, *La educación en tiempos de Rómulo*, Caracas, s/n, 2010.

el que he podido aprender tanto sus hábitos como costumbres".[149]

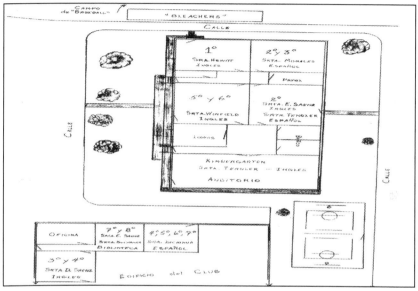

Dibujo del plano de la Escuela de Quiriquire [1950].

En cuanto a la educación en nuestras zonas rurales, justo reconocimiento merece una de las figuras más emblemáticas de la educación en el estado Monagas y en Venezuela, el profesor Luís Padrino, originario de Maturín, en 1908.

Su biografía, disponible en el Liceo "Luis Padrino" de Monagas resume una vida de trabajo dedicada a la educación. En Caracas se graduó de maestro de instrucción primaria en la Escuela Normal, y regresó a su tierra natal como Director de la Escuela Federal "Monagas".

[149] Shirley Jean Stockdale, *My School days in Venezuela*, Caripito School Memories, Caripito, 1952, p. 3.

Luego se desempeñó como maestro de las Escuelas federales "19 de Abril", "República de Brasil", "República de Paraguay". Fue Director y fundador de la Escuela Federal "Ramón Isidro Montes" y del Colegio Privado "Paraíso".

En 1936, con una beca, fue a México, y se especializó en el área de la educación rural. En 1939, fue nombrado Comisionado de Educación Rural del Ministerio de Educación.

Su intenso trabajo le permitió fundar las Escuelas rurales Tamanaco, Sorocaima, Paramaconi, Guaicamacuto, entre otras. Creó la Escuela Normal Rural "El Mácaro", así como diez misiones rurales.

El profesor Padrino fue Director de Educación del estado Miranda; Director de Primaria y Normal del Ministerio de Educación; profesor de Pedagogía, Metodología y Cívica en la Escuela Normal "Gran Colombia"; y profesor de cursillos a maestros y supervisores en casi todas las regiones del país.

Fotografía del Hospital de Caripito [1953]. Archivo de Randy Trahan.

El hospital de Caripito muestra cómo se produjo un cambio de las duras condiciones sanitarias antes en 1938, a una mejoría gracias a los novedosos servicios hospitalarios, en 1953.

La construcción de este hospital trajo, por supuesto, mejores condiciones de vida de los pobladores, que enfrentaron, durante muchas décadas la amenaza, entre otras, de graves enfermedades como el paludismo y la fiebre amarilla. Frecuentes jornadas de vacunación y la fumigación constante fueron la clave para disminuir la mortalidad.

Fumigación en Quiriquire [1953]. Archivo de Randy Trahan.

La Creole impulsó constantes jornadas de fumigación en los centros poblados de la región para evitar que el anopheles, vector del paludismo y la fiebre amarilla, contagiara estos flagelos. La población también se vio beneficiada cuando las cuadrillas marcaban las casas, pues a partir de ese momento, utilizaron la nomenclatura para designar con mucha mayor precisión cada residencia. (Ya no dirían la casa de la ventana azul, o de la puerta verde, sino que indicarían la casa número 401, por ejemplo). Coincidimos con la apreciación del Dr. Gustavo Coronel al respecto: *"Este hecho constituye un salto adelante, por la introducción de la nomenclatura urbana en el poblado"*.

Hospital del Campo de Caripito [1953]. Archivo de Randy Trahan.

La imponente estructura del Hospital de Caripito, un centro médico con 200 camas y con un prestigio indudable en la región.

Los médicos residentes de la Universidad Central de Venezuela iban a este hospital para estudiar y muchos de ellos se quedaban en forma permanente. Los servicios de agua potable y electricidad eran provistos con notable calidad y la capacidad de atención era extraordinaria.

Caripito [1954]. Archivo de Randy Trahan.

El desarrollo de nueva infraestructura en Caripito es evidente para 1954. En primer plano se observan las oficinas de la Creole [Hasta 1943, la Standard Oil de Venezuela]. Al fondo de la imagen es posible denotar el vertiginoso poblamiento del campo con las casas cuyo modelo es la que se observa en la esquina inferior derecha.

La población de Caripito, para 1950, ascendió a 15.871 habitantes.[150] El crecimiento de población experimentado por la localidad indica cómo, superadas las circunstancias adversas por las que atravesaron las operaciones petroleras dados los riesgos de la Segunda Guerra Mundial, Caripito creció favorablemente, con nueva infraestructura y la demanda de servicios para la creciente población.

---

[150] Alfredo Cilento Sarli, *Ob. Cit.*, p. 150.

La Av. Principal del Campo de Caripito, permite el acceso a las oficinas de la Creole. La plantación estratégica de árboles a lo largo añade un elemento decorativo al tránsito por la avenida. Al fondo está Caripito con su evidente crecimiento, producto de casi 20 años de construcción de infraestructura y aumento de población.

Campo de Quiriquire [1956]. Archivo de Randy Trahan.

El desarrollo del Campo de Quiriquire, ya para 1956 cuenta con un evidente crecimiento en términos de su infraestructura, tanto para las operaciones petroleras como para la vivienda de los trabajadores de la Creole.

Destaca en la parte superior derecha los almacenes y talleres, base operativa desde donde se coordinaban las exploraciones. En la parte inferior derecha se encuentran las viviendas de los empleados.

Campo de Quiriquire [1956]. Archivo de Randy Trahan.

El crecimiento del número de viviendas para trabajadores en Quiriquire, con la avenida principal sembrada con palmas, conocida como la Royal Palm Drive. Es importante destacar que la construcción de estas viviendas se hizo en una especie de planicie, también con la idea de drenar el agua hacia el declive.

Tanque de agua del Campo de Quiriquire [1956]. Archivo de
Randy Trahan.

El famoso tanque de agua de Quiriquire, que está
ubicado estratégicamente para servir de respaldo en caso de
necesidad, en las instalaciones del departamento de servicio
y mantenimiento del campo.

Vista Aérea sobre el Campo de Quiriquire [1956]. Archivo de
Randy Trahan.

La vista aérea de Quiriquire para el año 1956, permite
concluir cómo el intenso proceso de desarrollo de
infraestructura que tuvo lugar desde 1938, conformó un
campo petrolero moderno, con instalaciones de primera
calidad y servicios.

A la derecha es posible notar el tanque de agua y el grupo
de oficinas de la Creole. Hacia la izquierda están ubicadas las
casas de los empleados, que se mostraron en la fotografía
anterior. Las casas dispersas que se encuentran en la esquina
inferior izquierda son las casas de los Gerentes de la Creole.

Nótese que las obras continuaban. Se aprecia, en la parte
inferior de la imagen, las bases de futuras construcciones.

Fotografía del Stadium "El Porvenir" de Caripito [1957].
Archivo de Randy Trahan.

La construcción de canchas y lugares para el deporte es otra de las transformaciones en el paisaje de Caripito y Quiriquire. En esta fotografía se observa el Stadium "El Porvenir" donde se realizaban encuentros de béisbol, disciplina unido a la tradición estadounidense que llegó a Venezuela para convertirse en nuestro deporte nacional. Muchos jugadores de béisbol venezolanos han brillado en los campos nacionales y extranjeros. Hoy en día seguimos siendo un semillero de talentosos beisbolistas.

Para 1961, Caripito alcanzó la población de 21.598 habitantes[151], convirtiéndose en uno de los más importantes centros poblados del oriente del país.

---

[151] Alfredo Cilento Sarli, *Ob. Cit.*, p. 150.

Jusepín, Punta de Mata y Temblador.

La Standard Oil de Venezuela comenzó la construcción de Jusepín en 1939, con la intención de alojar a sus empleados en un campamento que dispusiera de viviendas cómodas, calles asfaltadas, electricidad, agua potable, clínica, comedor y club social. El 24 de septiembre de 1939 la compañía inauguró el oleoducto entre Jusepín y Caripito.

En los alrededores de Jusepín se asentaron numerosas viviendas en zonas que no gozaban de la calidad de vida dentro del campamento:

"Por otra parte, persistía la segregación de las dos comunidades, la petrolera y la que no lo era: quienes vivían en los campamentos tenían, por lo general, los ingresos más altos del país, mientras que los que habitaban en las áreas marginales—en su mayoría sin preparación e inadaptados para la vida urbana—obtenían solo pequeños y esporádicos ingresos, casi siempre de servicios ocasionales a la otra comunidad, cuando no del vicio o la delincuencia. Para acentuar el drama, los campamentos continuaban separados de las barriadas por las cercas de alambre".[152]

Jusepín, ubicado solo a 20 kilómetros de Maturín, comenzó crecer en infraestructura, en paralelo con lo que ocurría en Caripito y en Quiriquire:

---

[152] Rafael Valery, *Ob. Cit.*, p. 24

"Cuando la Standard Oil Company de Venezuela inició allí sus actividades, Jusepín era un pedazo de sabana deshabitada. Muchos años después de haberse iniciado la era petrolera en el estado Monagas, empezaron las exploraciones en Jusepín, comenzando a perforarse el primer pozo el 10 de julio de 1938, el cual se terminó felizmente a una profundidad de 5.042 pies el 14 de octubre de ese mismo año. Luego de ese positivo resultado, la plana superficie sabanera se fue erizando de torres de acero, luciendo en la actualidad [1945] 309 pozos . . ."[153]

De la nada, en medio de una sabana plana, la localidad de Jusepín comenzó a conformarse con casas e infraestructura para acoger allí al personal técnico y obrero de la Standard Oil. El crecimiento de un poblado fuera de sus límites, conocido como "Pueblo a juro", indica claramente las circunstancias en las éste fue apareciendo al lado del campamento petrolero.

En la zona de las perforaciones había comenzado la instalación de ranchos, casas muy endebles, con pésimas condiciones higiénicas. La Standard Oil de Venezuela pagó las "bienhechurías" para tratar de convencer a las personas de mudarse a un nuevo sitio construido para que vivieran mejor y alejados del peligro de las operaciones. Pero, de acuerdo al Dr. Carlos Lander Márquez, directivo de la compañía, los pobladores regresaron a sus casas armados de machetes y las autoridades decidieron no intervenir.[154]

[153] *Ibídem*, p. 14.
[154] *Ibídem*, p. 16.

El campo de Jusepín crecía con abismal velocidad:
"Fue en 1939 cuando se construyeron las primeras viviendas, y antes de transcurrir tres años ya era un pueblo de calles limpias y asfaltadas, casas de ladrillos construidas simétricamente, fuerza eléctrica permanente, gas, buena agua potable y demás comunidades modernas. Hoy tiene clínica, mercado, restaurante obrero, escuela, clubes, etc. en edificios especiales. Cuenta con casi 500 casas, más 174 que serán construidas este año [1945]"[155]

En 1940 comenzó la construcción de la carretera Jusepín-El Zamuro, que se conectaría con la carretera a Quiriquire. Ese año también se construyó un puente sobre el río Guarapiche.

Para el año 1942 el oleoducto entre Maturín y Puerto La Cruz y, su carretera paralela, comunicó a Anzoátegui con Monagas. Las carreteras comenzaban a conectar toda la región, a propósito de la instalación de los pozos, que con sus clásicas torres o "cabrias" petroleras aparecen en en paisaje, donde antes solo había selvas frondosas y sabanas deshabitadas.

Monagas se convierte en 1950, en la tercera entidad productora de petróleo, después de los estados Zulia y Anzoátegui.

La instalación de los campamentos de exploración y explotación va modificando el paisaje, y en el caso de Jusepín,

---

[155] *Ibídem*, p. 14.

se acentúa el crecimiento poblacional. De una población de 0 en 1938, pasó, en el censo de 1951 a 4.611 habitantes.[156] Para ese año, Monagas contaba ya con 122.901 habitantes.[157]

Jusepín para 1948. Archivo de Randy Trahan.

En la imagen de Jusepín para 1948 es posible apreciar el orden con el cual se construyeron las casas en la sabana despoblada. Una red de alambrado público conectaba la electricidad a los hogares y a las calles. La típica ventana de los campamentos petroleros, mostrada en las fotos de Caripito y Quiriquire, aparece en estas casas construidas por la Standard Oil de Venezuela.

---

[156] Instituto Nacional de Estadística, *Censo de 1950*, Caracas, INE, 1950, p. 146.

[157] *Idem.*

Los techos son altos, de zinc, a "dos aguas" para canalizar la lluvia a los extremos. La altura del techo de la casa y la toma de aire superior, están asociadas a la disipación del calor.

La instalación de un club también es parte del nuevo paisaje de Jusepín para 1959. Es importante destacar la provisión de una piscina para combatir el calor, y de iluminación para su uso nocturno.

En 1960, la Creole, donaría el campamento de Jusepín a la Universidad de Oriente. Pero el cambio fundamental de esta localidad es un importante hito en la conformación de la región Oriental, considerando sobre todo, que es una población que nace a propósito de la explotación petrolera.

Deportes como el béisbol y el "Bowling" fueron practicados en los diferentes campamentos de la Creole. Ambos deportes guardan estrecha relación con la tradición estadounidense y su práctica se diseminó rápidamente en el Caribe. En Venezuela, el Bowling ha tenido un gran desarrollo hasta la actualidad. Incluso el país ha contado con jugadores "número 1" en torneos de gran prestigio a nivel internacional, tanto en las competiciones de género masculino, como en las de la categoría femenina.

La práctica de estas disciplinas deportivas contribuyó a reducir las tensiones entre los trabajadores, crear competiciones entre los diversos distritos, fomentar una práctica deportiva sana y a popularizar la actividad física, en especial la del béisbol, en toda la región.

El pintor Adof Dehn (1895-1968) creó bellas obras en las que se aprecia instalaciones petroleras y trabajadores que operaban las máquinas. Las calderas encendían el mecanismo de perforación de la torre o "cabria". Éstas generaban mucho ruido y acumulaban gran cantidad de barro. Todo ello sumado al humo y el olor a combustible que despedían. En sus cuadros es posible observar el clima claro y a la izquierda el clima tropical lluvioso al que estos hombres se enfrentaban al explorar y explotar los pozos.

"El río San Juan y el muelle 1944, Adolf Dehn"

"Planta de bombeo en quiriquire. Adolf Dehn 1940."

"Perforación en Jusepín. Adolf Dehn, 1940."

"Construcción de la Refinería de Caripito. Adolf Dehn,
1940."

Punta de Mata es una población ubicada a 25 kms.
de Jusepín, donde la compañía Sinclair construyó sus
campamentos técnicos (al norte) y para obreros (al sur).[158]

La Sinclair Petroleum inició sus operaciones en Venezuela
desde 1937, cuando descubrió el campo Santa Barbara 1
y estableció su campamento en la zona. Para 1945, Santa
Bárbara había contribuido con 27.000 barriles al día de crudo
a los Estados Unidos de América.[159]

[158] Alfredo Cilento Sarli, *Ob. Cit.*, p. 150.
[159] Sinclair Oil, *Sinclair: A great name in Oil*, New York, Sinclair Oil Corp.,
1966, p. 4.

La Sinclair fue fundada en 1916, en Nueva York, Estados Unidos de América, por el empresario Harry F. Sinclair.

Sus operaciones en el Oriente venezolano no resultaron lejanas pues existía una cercana relación con la Standard Oil. Esto era debido a que durante la recesión de los años 30, Sinclair obtuvo efectivo gracias a la venta de varios de sus oleoductos a esta última.

La pequeña localidad de Punta de Mata creció igualmente en población, al alcanzar, en 1950, la cifra de 4.207 habitantes.[160]

Es posible apreciar la dimensión de las inversiones por parte de las compañías petroleras extranjeras en Venezuela gracias a la legislación vigente cuando comenzó su despliegue en la región Oriental:

"Las inversiones hechas por las empresas petroleras en sus primeros campamentos eran consideradas como gastos de operación, deducibles para los efectos de los impuestos, pero en 1936 se promulgó la primera Ley del Trabajo y se estableció el régimen de contratación colectiva, lo que dio origen a que las compañías convinieran en establecer los campamentos cuando el número de trabajadores fuera mayor de cien y el lugar distara más de dos kilómetros de la población más cercana. Estas inversiones fueron entonces capitalizadas. Cuando se instalaron los primeros

[160] Instituto Nacional de Estadística, Censo de 1950, Caracas, INE, 1950, p. 146.

campamentos petroleros, el Estado aceptó un régimen especial que de hecho transformó estos territorios en sitios de excepción, en el sentido que podían y debían tales campamentos ser desarrollados exclusivamente a expensas de las propias compañías petroleras, quienes estaban en este caso obligadas a demarcar, construir y equipar el campamento respectivo. Se adoptó así una fórmula legal en virtud de que no existía acción municipal, debido principalmente al aislamiento geográfico de las áreas donde se instalaron los campamentos."[161]

Los campamentos eran autónomos en virtud de sus características como centros de uso exclusivo para la industria petrolera, y eran protegidos utilizando cercas para delimitarlos como propiedad privada de las empresas petroleras.

Una gran cantidad de personas se acercaba a sus límites en busca de prosperidad y mejores oportunidades:

"Lo curioso es que en todas partes, tanto en oriente como en occidente, el campamento Norte era para el personal staff (directivos y técnicos) y el campamento Sur para el personal obrero, algo así como los (países) ricos del Norte y los (países) pobres del Sur."[162]

El pozo TT-1 fue descubierto el 15 de septiembre de 1936 en Temblador. La Standard Oil levantó un campamento en 1937. En 1950, se construiría el campamento Mata de

[161] Rafael Valery, *Ob. Cit.*, p. 16.
[162] Alfredo Cilento Sarli, *Ob. Cit.*, p. 150.

Venado de la compañía Phillips Petroleum Company, cuya base estaba Bartlesville, Oklahoma, y había sido fundada en 1917 por Frank Phillips.[163]

La Phillips inició sus operaciones en Venezuela, el primer país de su expansión internacional, en 1946.

La Gulf y la Varco, subsidiaria de la National Oilwell Varco, fundada en 1894 con sede en Houston, Texas, establecieron operaciones en la zona en 1942, en la población de El Tejero, a solo 6 kilómetros de Punta de Mata.[164]

El paisaje de la región fue progresivamente apareciendo la torre petrolera, conocida como la "cabria", con sus cuatro patas sobre las que se afianzaba en la superficie del pozo.

La torre petrolera comienza a ser protagonista del paisaje de la sabana y de la selva, con las primeras chozas de las localidades en las que iban apareciendo. La infraestructura petrolera de la época requería igualmente de calderas que proporcionaran la energía a la tubería y la punta de perforación.

El profesor Federico Baptista explica en un artículo publicado por la Universidad del Zulia algunos aspectos que son importantes destacar, pues contribuyen a la comprensión de cómo funcionaba esta nueva infraestructura, que iba

---

[163] ConocoPhillips Company, *Phillips Company History*, Houston, ConocoPhillips, 2007, p. 1

[164] Alfredo Cilento Sarli, *Ob. Cit.*, p. 150.

apareciendo en la sabana y en la selva de la región de la Faja:

> "La perforación se realiza por medio de la acción rotativa de una mecha de acero cortante fuertemente atornillada al extremo inferior de un eje formado por tubos de acero, cuya longitud se aumenta a medida que se profundiza el pozo o hueco, añadiendo nuevos tubos al extremo superior del eje o tubería. La labor de añadir o restar tubos a eje o tubería, o de sacar o meter ésta dentro del hueco, según lo exijan las circunstancias, es por lo tanto trabajo fundamental y constante en la perforación, y para ello requiere de un punto de apoyo en el espacio, a suficiente altura, que nos permita levantar o bajar los tubos de perforación en tramos de hasta 27 y más metros. Este punto de apoyo en el espacio lo suministra la torre de perforación, la cual ya veremos que tiene también otras funciones. Debemos contar, además, con una planta de fuerza y el mecanismo requerido para imprimir a la tubería y a la mecha el movimiento rotatorio necesario para perforar las capas de rocas, y también con las bombas y el mecanismo de limpieza y acondicionamiento del pozo, a medida que progresa la perforación."[165]

El profesor Baptista, experto en el área petrolera, explica la función de la torre y prosigue con su didáctica exposición:

---

[165] Federico Baptista, "Sobre la Perforación y la producción del petróleo", *Revista de la Universidad del Zulia*, Maracaibo, Volumen 3, agosto 1952, pp. 33-52, p. 36.

"Mientras se va perforando, se inyecta hacia abajo por el interior de los tubos, un barro especialmente preparado que por la presión a que es sometido, sale por unos huecos que tiene el trépano y vuelve a la superficie por el espacio libre que queda entre las paredes del pozo y las tuberías. En su retorno a la superficie arrastra consigo las partículas trituradas del fondo de la perforación.

Este barro circulante ejerce varias funciones importantes. Una de ellas como queda dicho, consiste en subir a la superficie los detritos de rocas cortadas por la mecha, que en esta forma pasan a manos de los geólogos para el estudio y conocimiento de los estratos alcanzados. Otra función es la de reforzar las paredes del pozo, evitando así posibles hundimientos o desmoronamientos laterales e impidiendo con su peso la entrada de líquidos o gases de la roca al pozo; como funciones secundarias, pero no menos importantes, el barro de perforación sirve también para lubricar y enfriar la barrena y ablandar los estratos.

Consiste el barro en una mezcla de agua con arcilla, a la cual se le agregan ciertas sustancias químicas que le comunican determinadas propiedades. Una de estas sustancias es la bentonita, que sirve para aumentar la viscosidad del barro y hacer que éste pueda remover en forma adecuada las rocas trituradas. El barro debe ser lo suficientemente denso para poder contrarrestar las presiones de las paredes del pozo; esa densidad se logra añadiéndole una sustancia llamada baritina (sulfato de bario). Usualmente el barro contiene también soda cáustica, quebracho y diversos fosfatos."[166]

Esto explica la cantidad de barro que se acumulaba en torno al pozo. El uso de varias sustancias químicas y las condiciones de calor extremo requería mucha fortaleza física y condiciones de salud favorables para rendir como trabajador petrolero.

Cuando los pozos se agotaban y no podía seguir extrayéndose petróleo usando torres de perforación, se empleaba el famoso balancín, que extraía el crudo a través de una bomba de succión. De allí era transportado por oleoductos:

"El crudo del área de Temblador, descubierto en 1936 a 112 kms. al sur de Maturín, de base mixta y ligeramente asfáltico, fluye también por un oleoducto de 56,4 km. y 25 cm. de diámetro hasta el terminal de Boca de Uracoa, en el río Uracoa que desemboca en el caño Máñamo, del Delta del Orinoco".[167]

Pedernales, Delta Amacuro.

La Standard Oil de Venezuela inició, luego casi 10 años de exploración, operaciones en Pedernales, Delta Amacuro, en 1933. Entonces se extrajeron 5.358 barriles.[168] A la población

---

[166] *Ibídem,* p. 41.
[167] Alfredo Cilento Salir, *Ob. Cit.*, p. 133.
[168] Memorias del Ministerio de Minas e Hidrocarburos, Caracas, Archivo del MMH, 1962, p. 28.

de Pedernales llegaba un avión anfibio con las provisiones para los obreros que trabajaban en los pozos.

Explotación en Pedernales, Delta Amacuro [1940]. Archivo de Randy Trahan.

Puede verse la instalación de una torre petrolera de la Standard Oil de Venezuela, en Pedernales, Delta Amacuro, en 1940.

En el campamento de la Standard Oil de Venezuela en Pedernales, las casas presentaban los ventanales característicos y la toma de aire en la parte superior para permitir la ventilación. Altísimas palmas, características de la zona, ubicada en la desembocadura de los caños Cáñamo y Pedernales en el Delta del Orinoco.

Exploración en el Delta del Orinoco [1940]. Archivo de
Randy Trahan.

Un campamento de exploración en Delta Amacuro.
La peculiaridad de la zona es que está inmersa en muchos
caños y lugares donde el difícil acceso, dada la frondosidad
de la vegetación, trajo complicaciones a las labores de
exploración.

Se observan con claridad los barriles de 42 galones
(159 litros) que son la medida convencional de un barril
de petróleo crudo internacional. Igualmente se muestra un
potro con dos soportes a fin de amarrar los implementos
para evitar su caída al agua.

Vista del campo Pedernales desde el avión de la Texaco
Flying [1940]. Archivo de Randy Trahan.

Entrega de provisiones en el Delta del Orinoco
[1940], Consolidated PBY-5A Catalina Serial Numero
22022—YV-P-APE perteneciente a Texaco Flying llevando
provisiones a los campamentos petroleros de Pedernales.
Archivo de Randy Trahan.

Para el área de Pedernales la Standard Oil de Venezuela contrataba los servicios de un avión anfibio de la Texaco Flying con el propósito de llevar alimentos, medicinas e insumos al campo petrolero de una manera expedita.

Con respecto a la aviación en la industria petrolera nacional, Álvaro Torres de Witt nos dice:

"Habían pasado dieciocho años desde que el zuliano Carlos Luis Medina se elevó en globo cerca del mercado en Maracaibo y desde que el norteamericano Frank Boland hizo sus primeras demostraciones con el biplano "sin cola" en el Hipódromo de El Paraíso en Caracas, cuando las aguas limosas del río San Juan, en el Estado Monagas, vieron el primer avión de la flota petrolera. Venía desarmado sobre la cubierta de un tanquero y arribó al terminal de Caripito en el mes de marzo de 1930. Cuatro meses antes, el dos de noviembre de 1929, el Ministerio de Guerra y Marina de los Estados Unidos de Venezuela había concedido el permiso para traer al país el primer avión de nuestra flota. En los dieciocho años transcurridos desde la llegada del avión de Boland, se había creado—en abril de 1920 la Escuela de Aviación Militar de Venezuela y se había establecido la primera línea aérea en territorio venezolano: la Sociedad Colombo Alemana de Transportación Aérea SCADTA, que inició operaciones en 1925 utilizando el Lago de Maracaibo como pista y la Plaza del Buen Maestro como terminal de embarque. Terminal que sería luego usado por otras líneas internacionales. Durante ese tiempo la industria petrolera se había fortalecido en el país. El Oriente venezolano fue considerado como un buen prospecto petrolero desde que la empresa New York & Bermúdez comenzó a explotar el lago de asfalto de Guanoco—Estado Sucre a fines del siglo pasado, y la Graham Company of Trinidad construyó en 1890 una pequeña refinería en la Isla Capure en el Delta del Orinoco. Por esa razón en 1921 se instaló en Quiriquire—Estado Monagas—la Standard Oll of Venezuela, filial de Standard Oll of New Jersey.

EL AÑO DEL REVENTON

Al año siguiente, en 1922, el reventón del Barrosos-2 atrajo la atención del mundo hacia Venezuela, y en las riberas del Lago de Maracaibo comenzaron a establecerse decenas de empresas, entre ellas British Equatorial y Lago Petroleun, esta última filial también de Standard Oll of New Jersey. En julio de 1923 British Equatorial perforó por primera vez un pozo bajo las aguas del Lago descubriendo así una de las áreas más prolíficas del mundo. Un año más tarde Lago Petroleum adquirió la empresa British Equatorial y con ella el campo La Rosa, al sur de Cabimas. Para centralizar los intereses de las filiales en el Oriente y Occidente del país se crearon las oficinas de Standard Oil en Caracas. En aquella época las comunicaciones entre las regiones del país eran muy difíciles. Dejemos que sea un veterano de las primeras épocas de la industria—Richard Monnin quien nos lo relate: "El transporte en Oriente quizá no habla cambiado desde la colonia, pues para viajar, por ejemplo, desde Maturín a Caracas, lo más confortable y práctico era embarcarse en un alijo en el río Guarapiche, pasando por Caño Colorado hasta Caño Francés (tributarios del río San Juan) y, desde allí, embarcarse en un 'trespuños' que lo llevara a Puerto

Francés a través del Golfo de Paria. Allí uno pasaba unos días en un hotel o pensión esperando uno de los paquebote que viajaban entre Europa y Panamá con escalas en Puerto España, Carúpano, Cumaná, La Guaira y Curazao". Carreteras había muy pocas, generalmente intransitabas en tiempo de lluvia y polvorientas durante la sequía A finales de los años 29 conocido el potencial petrolero de Oriente se quería emprender un vasto plan de exploración geológica, para lo cual hacía falta levantar mapas de la zona.

LOS PRIMEROS AVIONES

Para llenar las necesidades transporte Standard Oll of Venezuela trajo su primer avión: un Sirkosky S-38, matrícula NC-2V. Se trataba de un hidroplano equipado con motores Pratt & Whitney "WASP C" de 400 HP cada uno. Era capaz de transportar ocho pasajeros y tripulantes. Con el avión llegaron el primer piloto L.E. Shealy y el primer mecánico John Nelson. El avión fue llevado sobre un camión, que a su vez tuvo que ser remolcado por un tractor hasta la recién terminada pista de tierra en Cachipo. De inmediato el mecánico y el piloto se dieron a la tarea de armar el avión, pues las alas venían separadas del fuselaje. En enero de 1931 llegó un avión especialmente equipado para tomar fotografías aéreas y fue el piloto Robert L. Brookings, quien inició las aerofotografías para trazado de mapas, a bordo del Fairchild F-71 matrícula NC-755-Y. Al volar a 13.750 pies (4.191 m.) de altura sobre el terreno, la cámara del avión producía fotos a escala 1:20.000, que eran las requeridas para trazar los mapas. Al crecer las operaciones fue adquirido otro Sikorsky S-38, matrícula NC-23-V al cual se le adaptó una cámara para fotografía aérea. Este avión llegó en septiembre de 1933. Unos meses antes, en abril, había sido adquirido un Loening anfibio, matrícula NC-137-H, cuyo uso fue descartado a los seis meses debido a su pobre rendimiento. En julio de 1935 arribó al país Gerald E. Warner, quien sería el primer gerente de aviación de la empresa. Él continuó la labor aerofotográfica de Brookings y permaneció en el país hasta 1958. Junto a Warner trabajaron el mecánico Carl Baehr, el fotógrafo George De Witt y el especialista en mapas aerofotográficos Otto Lilhart.

RECORD DE VELOCIDAD EN ANFIBIOS

En esa época se requería un avión que pudiese comunicar el oriente y occidente rápida y seguramente. En 1936 fue adquirido el Dougias Dolphin, matrícula NC-14286, un anfibio bimotor que había batido el registro mundial de velocidad para anfibios al promediar 257,17 kilómetros por hora en un circuito de cien kilómetros. Con este avión se realizó la primera misión de rescate, concluida con el salvamento de la tripulación y pasajeros de un avión perdido entre Elena de Uairén y Luepa. Los adelantos de la aviación se adoptaron rápidamente en Venezuela y en 1937 fue adquirido un Lockheed Electra-12, matrícula NC17379, bimotor capaz de transportar dos tripulantes y ocho pasajeros. Se consideraba uno de los aviones más avanzados en su tipo. En uno similar la conocida aviadora Amelia Earhart hizo escala y durmió una noche en Cachipo en 1937, mientras trataba de dar la vuelta al mundo.

Avion de Amelia Earhart en Caripito, 1937. Archivo de
Richard Monnin.

Para continuar la labor de aerofotografía en 1938 fue
adquirido un monomotor Stinson SR-9-FM Reliant, matrícula
NC-18451. Al año siguiente fue comprado el Lockheed
Electra 10-A, matrícula NC-21735, considerado el mejor
bimotor de su tiempo. Este avión fue el primero en aterrizar
en el aeropuerto de Maturín, inaugurado en 1942.

AÑOS DE GUERRA

Durante los años de la Segunda Guerra Mundial, cerca de
nuestras costas merodeaban submarinos nazis que en varias
oportunidades torpedearon tanqueros que salían de aguas
venezolanas. Para avistarlos y rescatar posibles náufragos,
los aviones de la empresa iniciaron una rutina de vuelo que

cubría las costas venezolanas. En dos oportunidades los hidroaviones pudieron acuatizar y rescatar sobrevivientes de tanqueros hundidos la noche anterior. Durante la guerra uno de los mecánicos, Howard Dannemann fue movilizado al frente de batalla y combatió en calidad de piloto en China, Birmania e India. Al terminar el conflicto regresó y se desempeñó como piloto hasta fines de 1950. Después de la Guerra fueron contratados varios pilotos que tenían considerable experiencia en vuelo de combate. Daniel Mc Duff había sido piloto de bombarderos B-25 Mitchell en el frente italiano. Robert J. Alsop fue piloto de bombarderos B-24 Liberator en el Pacífico. Daniel Sheehan fue piloto naval de aviones PBY Catalina en el Pacífico Sur. Douglas Mc Lean pilotó aviones de carga C-47 en el teatro de guerra de Birmania. Entre los veteranos de guerra también se contaba George Hand, empleado en abril de 1940, pero él había combatido en la Primera Guerra Mundial. En septiembre de 1945 la sede de la Sección de Aviación fue transferida a Caracas y se estableció en Maiquetía la base de operaciones y mantenimiento.

LOS LEGENDARIOS DC-3

El primero de los dos famosos C-47 convertidos a DC-3 que tuvo la empresa fue adquirido en 1946. Su matrícula YV-P-EPF identificaba al "Ejecutivo", avión destinado al transporte de pasajeros. En marzo de 1947 se adquirió el segundo DC-3. Su versatilidad y capacidad de carga lo hacían ideal para la industria petrolera. Este avión tenía una matrícula venezolana que lo hizo fácil de reconocer: YV-P-EPE. El "PEPE", como fue conocido, podía transportar 23 pasajeros y tres tripulantes o bien carga, pues tenía butacas que podían plegarse y dejar un amplio espacio libre en el fuselaje. Estos dos fueron los primeros aviones en Venezuela en ser equipados con radar. Igualmente fueron unos de los primeros en el mundo a los cuales se les instaló una rueda de cola retráctil. Para mayor seguridad se equiparon con cohetes JATO (Jet Assisted Take Off) que podían ser encendidos en caso de falla de un motor durante el despegue. Para las operaciones en los caños de oriente se compró un PBY-SA Catalina matrícula N-30005 en abril de 1948. Podía llevar dos tripulantes y 18 pasajeros.

LA ERA DE LOS GULFSTREAM

En diciembre de 1968 se adquirió el primer Grumman Gulfstream 1 el YV-2WP, un avión con cuatro años de uso perteneciente a Humble Oll. Este aparato que acaba de cumplir veinte años de servicio ha transportado 80.000 pasajeros en 14.500 horas de vuelo y 13.000 vuelos. Como parte de la racionalización de la industria, en febrero de 1978, Lagoven recibió de Roqueven un monomotor Piper Cherokee Six PA-35, matrícula YV-85-CP capaz de transportar 5 pasajeros y un tripulante. Posteriormente en mayo de 1978, fue adquirido de Meneven un King 90 matrícula YV-40-CP, bimotor de dos tripulantes y seis pasajeros. Tomando en consideración el excelente rendimiento de los Grumman Gulfstream 1 se adquirieron dos más en 1975 y 1982, los cuales conforman actualmente la flota aérea de Lagoven junto con el King Air-200, matrícula YV-82-CP comprado en 1980. Los aviones Grumman pueden transportar de 14 a 18 pasajeros y tres tripulantes. El King Air-200, dos tripulantes y ocho pasajeros. Una de las ventajas de los aviones Grumman es su autonomía. En mayo de 1982 el capitán Germán Pacheco, actual Gerente de Aviación, el copiloto José Martínez y el mecánico de vuelo Alejandro Palma realizaron por primera vez el vuelo Wilmington, Delaware-Maiquetía empleando 7 horas 20 minutos, para recorrer 1.900 millas, estableciendo así una marca mundial para este tipo de aviones. Hoy estos vuelos se realizan rutinariamente. Cincuenta y cinco años de actividades son de por sí un registro significativo. Si a esto se añade la completa seguridad—fruto del mantenimiento e incesante cuido de personal y equipos—la confiabilidad, puntualidad y trato cordial de tripulaciones y mecánicos, el registro es aún mayor, y hace de nuestro grupo de aviación uno de los más calificados y confiable de cualquier empresa venezolana y del mundo."[169]

Hasta entonces usados como aviones para turismo en las Bermudas, en los años 40 se decidió alquilar estos curiosos equipos. Los modificaron para utilizarlos en la prospección petrolífera en el Delta del Orinoco. Supermarine Channel II. Longitud: 9,14 m. Envergadura: 15,36 m. Altura: 3,96 m. Peso máximo para despegue: 1.600 kg. Velocidad Máxima: 148 km/h.

---

[169] Alvaro Torres de Witt, "Cachipo al amanecer "en: Nosotros-Lagoven, Caracas, diciembre de 1984.

Pedernales, en el Delta del Orinoco [1940]. Archivo de Randy
Trahan.

El uso de embarcaciones tipo "chalanas", fueron
utilizadas regularmente también en las complejas labores de
exploración en la zona. Como dato llamativo, de 1936 a 1961
hubo un incremento muy moderado de la población en Delta
Amacuro, que pasó de 28.165 habitantes en 1936 a 33.648 en
1950, para finalizar con 33.979 habitantes en 1961.[170]

---

[170]   Instituto Nacional de Estadística, *Censos de 1936, 1950 y 1961*, Caracas,
        INE, 2009, p. 15.

Pedernales, en el Delta del Orinoco [1940]. Archivo de Randy
Trahan.

En el Campo de Pedernales se observa la disposición de las
viviendas en la orilla de la confluencia de las desembocaduras
de los caños Máñamo y Pedernales del Delta Orinoco, a la
salida al Golfo de Paria. Resalta el alambrado que garantizaba
electricidad a las casas y la zanja para permitir el flujo de agua
por la inclemente temporada de lluvia.

Las operaciones de la Standard Oil de Venezuela en
Pedernales comenzaron en 1926. Paria-1 fue el del primer
pozo exploratorio en aguas profundas:

"La perforación presentaba una serie de problemas
en Pedernales: pantanos y lagunas obligaban el diseño de
fundaciones adecuadas lo remoto e inaccesible del área

retrasaba los suministros, el régimen de mareas dificultaba el transporte local."[171]

El incipiente desarrollo de El Tigre, El Tigrito y San Tomé, y el Campo de Oritupano.

La población de El Tigre, en plena Mesa de Guanipa, al Sur estado Anzoátegui, fue desde principios del siglo XX un pequeño caserío con una oficina de telégrafos. La compañía Gulf (que se convertiría posteriormente en la Mene Grande) instaló sus primeros asentamientos en 1917, en San Tomé, a 10 kilómetros de El Tigre.

San José de Guanipa, localidad a menos de 10 kilómetros de El Tigre, se conocería como El Tigrito, y formaría parte del eje San Tomé-El Tigrito-El Tigre. Una gran parte de los trabajadores petroleros y quienes venían en búsqueda de oportunidades se residenciaron allí.

La Gulf se estableció muy cerca de un antiguo caserío llamado San Juan de Santa Mé, que había sido arrasado por el fuego en 1859.[172] Desde 1928, la Gulf había descubierto una gran cantidad de pozos, dentro del denominado "Grupo Oficina".

En forma paralela, Gulf operaría desde la propia ciudad de El Tigre a partir de 1937 con la explotación del pozo

[171] Petróleos de Venezuela, *Código Geológico de Venezuela*, Caracas, PDVSA-Intevep, 1997, p. 55.
[172] Mene Grande Oil Company, *Employment in Mene Grande*, Pittsburgh, Mene Grande Oil, 1954, p. 26.

OG-1 (OFICINA GULF 1), descubierto en 1933. Allí estableció igualmente un campo petrolero. Éste inspiró la novela *Oficina Número 1* de Miguel Otero Silva, publicada en 1961.

Para el año 1937, en la zona de San Tomé, la Gulf había instalado el Campo Norte y Oficina (para el personal técnico y el directivo) y el Campo Sur (para los obreros). Los empleados y sus familias comenzaron a habitarlo en 1939[173]. También existía un grupo de casas más pequeñas, adaptadas para el uso exclusivo de empleados solteros.

Los campos Rojo, La Leona y Duarte (en Anaco) se establecieron entre 1936 a 1940, a 36 kilómetros al Oeste, también para alojar a sus empleados.[174] Campo Guara es otro de los más importantes por su temprano descubrimiento.

La subsidiaria de la National Oilwell Varco, también construyó un campamento en Oritupano, hacia 1938, población situada al oeste en el estado Monagas.

En el área de San Tomé, la Gulf había establecido un campamento modelo al cual se refería en los siguientes términos:

"San Tomé es una comunidad planificada, cuidadosamente estructurada en el horizonte de la región. Su apariencia es una remembranza de un moderno pueblo suburbano de los Estados Unidos de América y es una comunidad autosuficiente,

---

[173] *Ibídem*, p. 28
[174] *Idem*.

con su propia planta generadora de electricidad, acueducto y planta de procesamiento de desechos. Posee atractivas casas y oficinas, una iglesia, un hospital, escuelas, campos deportivos, piscina, un comisariato y un campo de golf. La comunidad está compuesta por Campo Norte, para los empleados directivos y sus familias, y Campo Sur, para otros empleados y trabajadores. La población total es de 5.000 habitantes."[175]

Este campo se construyó en una amplia sabana, y su actividad impulsó el crecimiento de El Tigre de una manera muy significativa. El pueblo tenía 12.768 habitantes en 1941, y pasó a tener 30.000 habitantes en 1950.[176]

A El Tigre llegaron personas de la Isla de Margarita, El Callao, Ciudad Bolívar y de los estados Sucre, Zulia, Monagas, Delta Amacuro y Los Andes. También, muchos anzoatiguenses nacidos en Cantaura, Aragua de Barcelona, Soledad y Pariaguán se establecieron en esta población.

---

[175] Mene Grande Company, *Ob. Cit*, p. 28.
[176] Alfredo Cilento Sarli, *Ob. Cit.*, p. 147.

Casa de Campo Norte [1940]. Archivo de Randy Trahan.

Las casas del Campo Norte eran amplias, con ventanales y tomas de aire en el techo, decoradas con esmero, con una jardinería cuidada y en un ambiente tranquilo. El color escogido fue el blanco, y en general, los servicios del campo eran de alta calidad:

"El hospital de San Tomé tiene 100 camas, es moderno y bien equipado. El club para los directivos tiene cine, bowling, biblioteca, piscina, canchas de tennis, bar, fuente de soda, restaurant y barbería".[177]

En Campo Norte existía una escuela especialmente diseñada para los hijos de los empleados con rango directivo, en la que las maestras hablaban tanto inglés como español.

---

[177] Mene Grande Company, *Ob. Cit*, p. 28.

La escuela del Campo Norte de San Tomé fue diseñada con techos a "dos aguas", en previsión al calor y las lluvias, con tomas de aire en los techos y ventanales amplios. La jardinería era muy cuidada y se observa un árbol, cuya sombra contribuyó a refrescar ese lado del edificio.

Hospital de San Tomé [1940]. Archivo de Randy Trahan.

Este es el majestuoso hospital de San Tomé, construido con las normas de ingeniería más modernas para la época. Incluso cuenta con una rampa para múltiples usos, ingreso, evacuación u operaciones de emergencia. Se observa la cuidada jardinería, y la política de la Gulf (posteriormente Mene Grande) era estricta:

"Si Ud. se siente enfermo o sufre un accidente (trabajando o no), la Compañía le dará atención médica gratuita incluyendo la hospitalización. Los miembros de su familia están cubiertos igualmente pero se aplicará una tarifa de pago por atención de obstetricia o cirugía y por la hospitalización. La compañía no pagará por tratamiento dental o cuidado de los ojos excepto en el caso de un accidente relacionado con el trabajo". [178]

Los Comisariatos funcionaban como la tienda para comprar alimentos e insumos en el campo petrolero. Al igual que los Comisariatos de la Standard Oil de Venezuela, la Gulf se encargó de construir un comisariato amplio y bien provisto para los trabajadores.

Campo San Tomé [1940]. Archivo de Randy Trahan.

Para el año 1952, se observa el crecimiento del número de casas en el Campo de San Tomé. En la esquina inferior derecha está ubicada la piscina, el campo de beisbol y el edificio del club con el restaurant, la biblioteca y el bowling.

---

[178] Mene Grande Company, *Ob. Cit*, p. 10.

Hacia el lado derecho de la imagen están ubicadas las oficinas de los directivos y las casas que se observan más próximas al club son las del personal directivo (staff) y personal técnico. Al fondo, se observa el Campo Sur, que alojaba a los obreros y demás empleados.

Desde el Campanario [1952].

En la fotografía del Campo Sur de San Tomé para 1952, tomada desde el campanario de la iglesia, se observan las casas del personal obrero y demás trabajadores de la Gulf (Mene Grande).

Se aprecia en el techo la toma de aire y los ventanales, muy similares a los diseños de las casas de la Standard Oil de Venezuela en Quiriquire y Caripito.

Es importante destacar que el techo de la iglesia es de zinc, y se observan las torres de alambrado público que permitían el disfrute de la energía generada por la planta eléctrica del Campo.

El periodista Alexis Caroles, quien ha hecho una extraordinaria labor para conservar y escribir la historia de El Tigre, escribe sobre las primeras casas y escuelas alrededor de Oficina Número 1:

"A pesar de que las primeras escuelitas nacieron desde el momento en que se empezaron a construir los ranchos de bahareque y moriche alrededor del pozo Oficina N° 1, no es hasta años más tarde que la educación toma un tinte más formal.

Pese a la improvisación que caracterizó a los colegios de esos años, los registros históricos demuestran que ciertamente los primeros centros de enseñanza fueron producto de la iniciativa de maestros y padres, preocupados por la formación educativa. No obstante, el primer dato formal lo ocupa precisamente una institución pública: la Escuela Federal Mixta Unitaria N° 57, fundada en el año 1938 en la calle Lara, bajo la dirección de Victoria de Rodríguez. Seguidamente abrió sus puertas la escuela privada Honor y Mérito al Libertador, institución dirigida por el maestro Rísquez, un profesor estricto pero eficaz a la hora de enseñar como comentó Jesusita Subero, habitante pionera de la ciudad.

La segunda institución educativa privada fue fundada por el maestro Carlos Trocertt, quien abre las puertas de su pequeño colegio a principios de 1939 con una matrícula mixta de 150 alumnos, como registró el historiador y periodista local Calazán Guzmán.

Desde ese momento comenzaron a nacer un sinfín de centros educativos e instituciones como la Escuela Estatal Doctor J.M. Cova Maza, la Unidad Fernando Peñalver, la Escuela Municipal Simón Rodríguez y la Escuela Baltasar Padrón, muchas de las cuales se unieron y se transformaron en el Grupo Escolar Estado Trujillo en 1948."[179]

La preservación de estas fuentes y de la historia de estas localidades es fundamental para contribuir con la memoria histórica del país. Las nuevas tecnologías digitales brindan una valiosa oportunidad para ahondar en el proceso de conformación de la sociedad de nuestro país, desde la óptica de la maravillosa historia local.

---

[179] Alexis Caroles, "El Tigre: Memorias" en http://notiguanipa.blogspot.com/ [Fecha: Julio 2008]

Calle Las Orquídeas en Campo Oficina. Archivo de Randy
Trahan [1954].

Campo Duarte, Anaco.

El Campo Duarte se construyó en Anaco hacia 1940,
cuando la SOCONY-Vacuum (compañía que en 1955 se
convertiría en Mobil) descubrió el pozo Santa Ana 1. El
asentamiento había comenzado con el llamado "Campamento
Rojo", en 1938, que alojaba al personal obrero.

La llamada "Carretera Negra" hacia Puerto La Cruz fue
terminada en 1939. Esta vía contribuyó enormemente al
desarrollo de Anaco y Cantaura, las dos poblaciones al norte
de El Tigre.

Carretera Negra en Anaco [1950]. Archivo de Randy Trahan.

En la fotografía de Anaco para 1950, se observa la "Carretera Negra", que seguiría hasta Soledad, frente a Ciudad Bolívar, en 1951. Las compañías petroleras tomaron como base esta carretera para construir y comunicar diferentes vías subalternas de tierra, tanto al Oeste como al Este de la región oriental. Para el año 1952, se completaron cerca de 921 kms. de carreteras.[180]

El campo Duarte para 1955 demuestra cómo aumentó la cantidad de casas junto a la sabana, y destaca la siembra ordenada de pequeños árboles que progresivamente aumentarían su presencia en el paisaje de la región.

La exploración en la región oriental de Venezuela fue muy intensa, al punto que las operaciones en la zona crecen

_____

[180] *Ibídem*, p. 10.

exponencialmente entre 1940 y 1942, período en el que se perforaron más pozos que en toda la década de los años 30.[181]

Este conjunto de pozos, los llamados Pozos Petrolíferos de Oficina, en el eje Anaco-El Tigre, están muy vinculados a la demanda de petróleo luego de la Segunda Guerra Mundial: Las Ollas y Quiamare (1942), Güico (1944), Capacho y Nipa (1945), Caico Seco y La Ceiba (1946), La Fría, Pelás y Pelayo (1947), Chimire y El Toco (1948) y San Roque en 1949.[182]

Para 1942, la SOCONY-Vacuum (Standard Oil Of New York) que posteriormente se convertiría en la Mobil (en 1955), termina la construcción del Campo Duarte y establece su base de operaciones en el Campo Los Pilones.[183]

La población de Anaco experimentó un importante crecimiento, en particular de personas venidas de Ciudad Bolívar, al registrar, para 1961, la suma de 23.105 habitantes.[184]

En su obra *Venezuela, Política y Petróleo*, Rómulo Betancourt se refería a la nueva red de caminos promovida por los planes gubernamentales como una manera de reducir "el contraste entre las espléndidas carreteras negras de los americanos,

---

[181] Alfredo Cilento Sarli, *Ob. Cit.*, p. 149.
[182] Anibal Martínez, *Cronología...*, p. 157.
[183] Alfredo Cilento Sarli, *Ob. Cit.*, p. 148.
[184] *Ibídem*, p. 149.

como se les llama en el oriente de la República, y las carreteras de tierra que construíamos los venezolanos."[185]

Y sobre la conformación de los nuevos paisajes en la región, en los que destacaban nuevas estructuras para las exploraciones y la explotación, infraestructura y edificaciones, Lorenzo González Casas afirma que:

"Esos paisajes modernos primordiales, a los cuales se sumaron, en medio de las ciudades, las estaciones de servicio y las edificaciones corporativas de la industria petrolera, contribuyeron al desarrollo de una actitud dual de los venezolanos con respecto al petróleo y la intervención extranjera; se tenía por una parte conciencia de la explotación de una riqueza natural del país por parte de poderes extranjeros y, por la otra, admiración por el desarrollo que se estaba llevando a cabo."[186]

Desde los tiempos del gobierno del General Juan Vicente Gómez, la inversión extranjera iba transformando progresivamente los espacios en la región. Para la década de los años 40 del siglo XX, los *"musiú"* (Monsieur) como eran llamados los extranjeros en el país, reclutados por las compañías con excelentes beneficios salariales, ya eran familiares al entorno. Se establecían en sus campos petroleros para vivir en la hospitalaria Venezuela. Millones de barriles de crudo venezolano alimentaban las ingentes necesidades

[185] Romulo Betancourt, *Venezuela, Política y Petróleo*, Caracas, Monteavila, 1956, p. 441.
[186] Lorenzo González Casas, *Ob. Cit.*, p. 176.

energéticas del planeta, cuya economía se encontraba en plena expansión.

La Creole, la de mayor envergadura, sostenía que:

"Nuestra inversión es de más de un billón de dólares en Venezuela, probablemente la mayor inversión de cualquier compañía estadounidense en un solo país del extranjero"[187]

San Joaquín, estado Anzoátegui.

La Standard Oil de Venezuela comienzó su asentamiento en San Joaquín, estado Anzoátegui, en 1939. Este campo está ubicado a tan solo 15 kilómetros de Anaco. Allí la compañía descubrió el pozo San Joaquín y edificó un campamento pequeño en número de habitantes pero importante desde el punto de vista de las operaciones de exploración y explotación.

En el Club de San Joaquín se observó un novedoso sistema de ventanas que abría con una manija. El vidrio de estas ventanas era particularmente grueso y no permitía ver hacia el interior. Las lámparas de iluminación eran muy características y se implementó un sistema de canaletas para el agua de lluvia, instalado a lo largo del techo.

El diseño de las casas de San Joaquín consistió en el techo a "dos aguas" y con la ausencia de tomas de aire en la parte superior debido a que se implementó una toma a través de

---

[187] Creole Petroleum, *Working with Creole*, Maracaibo, Creole Petroleum Inc., 1956, p. 1.

un "tubo de ventilación", dentro de un ambiente de árboles que dan sobra y una vía muy bien construida con canales para el agua en sus márgenes.

La presencia de columnas en la entrada de la casa es muy característica del diseño de las casas que aparecerían luego en la zona. Era habitual que los habitantes del campo descansaran con sus familiares y amigos sentados en esa especie de recibo con sombra, fuera de la casa.

Casa en el Campo de San Joaquín. Archivo de Randy Trahan
[1940]

Oficinas de la Creole en San Joaquín. Archivo de Randy
Trahan [1940].

De igual forma como sucedió en Quiriquire y en Jusepín,
el "Bowling" era un lugar para socializar y practicar este
tradicional deporte estadounidense.

En el campo de San Joaquín se podía observar una toma
de aire a través del "tubo de ventilación" en la parte superior
de la casa, dejando de lado la tradicional toma de aire que
puede verse en las casas de Caripito, Quiriquire y Jusepín.

Igualmente se veían las ventanas accionadas por manivelas
y existía una grata costumbre: los habitantes de las casas se
esmeraban en la siembra de alimentos en su propio jardín.
No dudamos que se preparaban las exquisitas cachapas de
maíz, muy tradicionales en toda la región.

La costumbre era llamar "Mess Hall" a un salón donde se reunían las tropas del ejército estadounidense para comer. El concepto fue extendido a otro tipo de actividades, y en este caso, existía un "Mess Hall" en San Joaquín.

El "Mess Hall" era un lugar de encuentro y socialización, y en San Joaquín se notan sus grandes ventanas y sus tomas de aire a través de "tubos de ventilación" en el techo.

Sin duda, la exigente actividad de los trabajadores en las operaciones petroleras de la Creole era recompensada con suculentos y abundantes platos, que incluían, carne mechada, caraotas, pollo, sancochos, papas, arroz, ensaladas y guarapo de caña y jugos. La arepa, el revoltillo y el queso de mano eran los platos preferidos en el desayuno.

El café negro era abundante, y en su retiro, muchos veteranos petroleros lo tomaban prácticamente como agua a lo largo del día.

Vista de casas en San Joaquín. Archivo de Randy Trahan
[1940].

Las Mercedes del Llano, estado Guárico.

En 1943, las empresas Texas y una de sus subsidiarias, Sociedad Anónima Petrolera Las Mercedes, se instalaron en un campamento petrolero en la población de Las Mercedes del Llano, en el estado Guárico.[188]

En 1947, la apertura de la carretera Chaguaramas-San Antonio de Tamanaco-Caigua-Quiamare, donde enlaza con la vía Puerto La Cruz-Tigre y los ramales de los campamentos petroleros, permitió la comunicación por vía terrestre a los mercados de Oriente. En la década de los años 60, el

---

[188] Alfredo Cilento Sarli, Ob. Cit., p. 151.

Ministerio de Obras Públicas culminaría la construcción de la carretera Caracas-Altagracia, que permitiría manejar unos 300 Km. hasta Caracas.

Para el año 1941 había en Las Mercedes 1.845 habitantes, cifra que aumentó de manera significativa a 5.498 en 1950 y a 5.410 en 1961.[189]

Las labores de exploración petrolera en la región fueron abundantes y el gran geólogo Clemente González de Juana llevaría a cabo una majestuosa labor:

> "González de Juana señaló que del sur del campo Temblador al pozo abandonado Gorrín No. 1 en el sur del estado Guárico, en una zona de 50 kilómetros de ancho por más de 600 kilómetros de longitud, numerosos taladros han encontrado arenas miocenas bien desarrolladas impregnadas con petróleo muy pesado. Y agregó: Esta zona se designa corrientemente con el nombre de Franja del Petróleo Pesado".[190]

El eminente geólogo Clemente González de Juana haría sus anotaciones sobre la región en 1944. Sus observaciones en el oriente del país, desde los campos exploratorios de Las Mercedes hasta Quiriquire son los registros pioneros de nuestra geología petrolera, de la mano de sus *Léxicos Estratigráficos* de 1956 y 1970 y su magistral *Geología de Venezuela y de sus cuencas petrolíferas* de 1980.

[189] INE, *Censos de población de 1941, 1950 y 1951*, Caracas, INE, 2009.
[190] Anibal Martínez, *Imagen y Huella de Clemente González de Juana*, Caracas, INTEVEP, 1990, p. 35.

De acuerdo al profesor Clemente González de Juana, una autoridad en las labores de exploración y estudio de capas sedimentarias y de suelos en Venezuela, en los años 40:

> "Las posibilidades del oriente de Venezuela apenas
> habían sido tocadas, las condiciones de entrampamiento
> de los hidrocarburos podrían extenderse a lado y lado
> de los campos en explotación y numerosas estructuras
> de Anzoátegui y Guárico esperaban la llegada de la
> sonda".[191]

Dos campos de gas natural fueron descubiertos en Guárico en 1947. El Campo Valle 13 por la empresa Las Mercedes y La Creole, por su parte, descubrió el Campo Lechozo.

Para 1949, ya las empresas Texas y Sociedad Anónima Petrolera Las Mercedes se habían instalado tanto en Las Mercedes del Llano como en Cañaveral Sur, al Sur de Valle de la Pascua. Desde el año 1948 comenzaron la instalación el largo oleoducto Las Mercedes-Pamatacual en el estado Anzoátegui. Este oleoducto posee 250 kms. y 38 cms. de diámetro.[192]

Atlantic Petroleum, una de las empresas asociadas a la Standard Oil en los Estados Unidos de América, fue fundada en 1886 en Philadelphia. Atlantic Venezuelan Refining Company fue una de sus empresas en el exterior. Años después, en 1966, Atlantic se uniría a la Richfield Oil

---

[191] *Idem.*
[192] Alfredo Cilento Sarli, Ob. Cit., p. 134.

para consolidar la ARCO, que tiene su sede en La Palma, California.

En el área de las Mercedes del Llano, Atlantic descubrió, en 1948, el campo de gas natural del Placer, ubicado a 50 kms. al noreste del campo Las Mercedes. En 1952 construyó un largo gasoducto hasta Valencia y Arrecife (estado Vargas) y los gasoductos de los centros de producción Roblecito, Barbacoas, Punzón y Lechozo. [193]

El gasoducto Anaco-Puerto La Cruz-Pertigalete, de 96 kms. de largo fue hecho en 1951, por la Eastern Venezuela Gas Transport.

Típica comida en un pozo petrolero de Guárico [1952].

Los técnicos y obreros petroleros comen en el interior de un pozo petrolero en Guárico en 1952. Es posible apreciar

---

[193] *Idem.*

que tomaban café o té en taza, que tenían a su disposición sal, pimienta y aceite, y adicionalmente, al final, una nevera para guardar los alimentos y líquidos.

Al fondo de la imagen reposan dos barriles de 42 galones (159 litros) y un vehículo clásico de la época.

Las actividades en Guárico se desarrollaron de forma tal que en 1948 llegaron a producirse 15.000 barriles diarios, en los campos Guavinita, Las Mercedes y Palacio.[194]

El campo Palacio está ubicado a 25 kms. al SurOeste del campo Las Mercedes. Es importante observar la instalación de nuevos campos en 1948, ubicados en El Sombrero, Roblecito y Tucupido, operados igualmente por Las Mercedes, Varco y la Texas.

Las refinerías y los oleductos del Oriente.

El 13 de octubre de 1931, la Standard Oil de Venezuela inaugura la Refinería y el terminal de embarque de Caripito, e hizo de éste uno de los más importantes centros de procesamiento del crudo que se extraía en la región en la década de los años 30 y 40.

En la la Refinería de Caripito, para 1940, se encontraba alejado, a varios metros, el llamado "Tank Farm" o zona de tanques, donde se acumulaba el crudo procesado.

---

[194] "Venezuela y su Petróleo para 1948", *Revista El Farol*, Caracas, Enero 1949, p. 214.

Muelle del Terminal de Embarque de Caripito [1947].

El Muelle del Terminal del Embarque de Caripito se aprecia el tren que iba hasta el Campo Caripito de la Standard Oil de Venezuela. El tren transportaba por igual empleados y la mercancía que llegaba al puerto.

Al fondo se observa el oleoducto que alimentaba a los tanqueros a través de cuatro muelles con una capacidad para bombear hasta 145.000 barriles por cada tanquero.

Descarga de madera en el muelle de Caripito. Archivo de
Richard Monnin. [1956]

Tanqueros en el Muelle de Caripito. Archivo de Richard
Monnin. [1950].

Esso Westminster Caripito en el muelle de Caripito. Archivo
de Richard Monnin [1960]

EssoBerlin en Caripito [1960]. Archivo de Richard Monnin.

En la fotografía se observan los tanqueros de la Standard Oil de Venezuela cargando el petróleo en el muelle de Caripito para 1950. El río San Juan era navegable desde la barra de Maturín, situada a unos 80 kms. de distancia, que llevaba al Golfo de Paria. La demanda de petróleo en la década de los años 50 se incrementó por la Guerra de Corea (1950-1953). Los ingresos fiscales producto de la explotación petrolera pasaron de Bs. 901 millones en 1950 a Bs. 1.371 millones en 1951, Bs. 1.475 millones en 1952 y Bs. 1.589 millones en 1953.[195]

El intenso tráfico de barcos a lo largo del río hacía de su dragado una necesidad indispensable. El proceso de sedimentación del río San Juan, debido a la tala indiscriminada y la falta de una política de resguardo del canal fluvial hicieron que progresivamente el río disminuyera su cauce, con terribles consecuencias para la fauna y la flora de la región.

A la familia Warao pertenecen los primeros habitantes de la región. Los Warao están asentados en toda la región de Monagas y Delta Amacuro y muchos de ellos sirvieron como guías en las labores de exploración en la región. Su permanencia en el tiempo es fundamental para el resguardo de la historia de Venezuela, así como la preservación de su idioma, de sus costumbres y de su idiosincrasia.

La refinería de Caripito para 1954 presentó un avanzado desarrollo en su área de almacenamiento. El desarrollo de esta importante refinería permitió el crecimiento de toda la región.

---

[195] AMHM, "Ingresos al Fisco Nacional por concepto de Producción Petrolera", 1962, Caracas, Sección de Datos Estadísticos.

La refinería cerró en 1976, pero el cambio a consecuencia de sus operaciones en la región tuvo un indudable valor.

Es importante señalar que la refinería de Caripito podía acumular aproximadamente 2.500.000 de barriles y su capacidad instalada era de 35.000 barriles diarios.[196]

Para el año 1958, es posible observar el impacto del cambio en la región, el crecimiento de Caripito y Quiriquire, nuevas tecnologías, una nueva manera de vivir, distinta a la que prevalecía antes de la llegada de las compañías petroleras a la región. Los trabajadores venezolanos y extranjeros, con disposición y entrega contribuyeron al propiciar el cambio del paisaje y las condiciones de vida de la región. Con la llegada de las compañías petroleras, las nuevas vías de comunicación hechas a través del esfuerzo de estos trabajadores permitieron un intercambio mucho más vigoroso con el oriente venezolano.

Para el año 1956, había 15.000 trabajadores en la Creole[197]. Para ese año, 9 de cada 10 trabajadores eran venezolanos.

Campo Chaure, Puerto La Cruz (Sinclair)

Luego de la refinería de Caripito, se construyeron las refinerías de Tucupita (en 1947, con capacidad para 10.000 barriles diarios), Puerto La Cruz (en 1950, con capacidad para 159.000 barriles diarios) y San Roque (en 1952, con

---

[196] Alfredo Cilento Sarli, *Ob. Cit.*, p. 139.
[197] Creole Petroleum, *Working with Creole*, Maracaibo, Creole Petroleum Inc., 1956, p. 2.

capacidad para 3.800 barriles diarios) fueron las otras encargadas de procesar gran parte del crudo de la región de la Faja Petrolífera del Orinoco:

"La Sociedad Anónima Petrolera Las Mercedes y la Venezuelan Gulf Refining Company firmaron a principios de año un contrato para construir una refinería de 20.000 barriles diarios en Puerto La Cruz y varios meses después fueron autorizados por el Gobierno para aumentar la capacidad propuesta a 25.000 barriles diarios."[198]

En 1936, Puerto La Cruz era un pequeño puerto con 1.800 habitantes. La construcción de la refinería de Puerto La Cruz (operada por Gulf) y la de El Chaure (operada por la Sinclair), y sus actividades y fuentes de trabajos asociadas, incrementó la población, que alcanzó 28.365 habitantes para 1950.[199]

[198] *Ibídem*, p. 215.
[199] Alfredo CIlento Sarli, *Ob. Cit.*, p. 148.

Puerto La Cruz. Un excelente hospital se puede apreciar a la
derecha de la imagen. Archivo de Randy Trahan. [1954].

Pesquería Caribe, C.A. (PESCA) una empresa de la VBEC
fundada por iniciativa de Nelson A. Rockefeller, construyó
inicialmente un muelle y una planta en Puerto La Cruz,
con 16.400 pies cuadrados [aproximadamente 1.523 metros
cuadrados] de espacio para el almacenamiento, la producción
de hielo y el procesamiento de pescado.

PESCA introdujo también mejoras a unas sesenta
embarcaciones de pescadores locales. La compañía siempre
arrastró problemas de rentabilidad debido a los controles de
precio y el bajo consumo de pescado en el país.[200]

---

[200] Wayne G. Broehl, *United states business performance abroad: the case
study of the International Basic Economy Corporation*, New York, National
Planning Association, 1968, p. 30-35.

El impresionante crecimiento de Puerto La Cruz, impulsado por las operaciones de la Gulf en la zona, demuestra el gran cambio en el paisaje. Esta localidad anzoatiguense, con su refinería y su terminal de embarque ya se perfilaba como un centro vital de llegada de oleoductos y de exportación de crudo del oriente del país.

En el período de 1938 a 1958, se inauguraron varios oleoductos: Temblador-Caripito (1939), Jusepin-Caripito (1939), El Tigre-Puerto La Cruz (1939), Las Mercedes (Guárico)-Puerto La Cruz (1948).

Utilizando las últimas técnicas de soldadura disponible para la época y usando protección para los ojos, los técnicos y obreros de las compañías petroleras extranjeras en Venezuela introdujeron una nueva infraestructura al paisaje: los oleductos, tubos por los cuales fluía el petróleo hasta las refinerías y los terminales de embarque para su procesamiento y exportación.

La región de la Faja Petrolífera del Orinoco pronto fue atravesada por varios oleoductos desde los pozos hasta Puerto La Cruz, en Anzoátegui o Caripito, en Monagas. Las labores de mantenimiento eran rigurosas y varias cuadrillas estaban siempre disponibles para atender cualquier eventualidad.

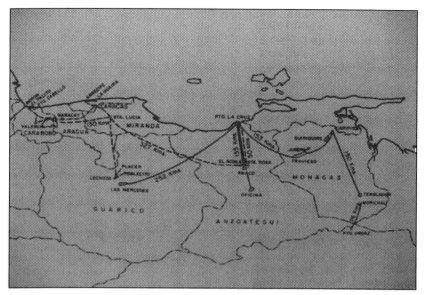

Mapa del Oriente Venezolano [1962].

La línea continua representa los oleoductos y la línea de trazos cortos a los gasoductos. La extensión de oleoducto Las Mercedes-Pamatacual (cercano terminal al lado de Puerto La Cruz) es de 252 kms., con 40 cms. de diámetro. Se estima que se invirtieron Bs. 300.000.000 en inversiones antes de vender el primer barril de petróleo.[201] La Texas, la Sociedad Anónima Petrolera Las Mercedes y la Atlantic lo usaron para sus exportaciones de petróleo desde Guárico. En "Oficina" están ubicados San José de Guanipa, El Tigre y San Tomé.

En 1954, la Creole puso en funcionamiento una innovación interesante para la industria mundial de petróleo. La planta de reinyección de gas Tía Juana N° 1, la primera del mundo en su tipo, comenzó a operar. Estaba construida sobre una

---

[201] "Venezuela y su Petróleo para 1948", *Revista El Farol*, Caracas, Enero 1949, p. 214.

plataforma de concreto en aguas del lago de Maracaibo, estado Zulia.

Un antecedente muy destacado fue la fundación del Instituto Venezolano de Petroquímica, en 1955. La construcción del gasoducto Anaco-Caracas-Morón, con una longitud de 657,5 kms., se completó en 1959.

Formación de los primeros ingenieros petroleros en Venezuela.

Es posible apreciar que durante el período estudiado (1938-1958) la producción petrolera de la región tuvo un considerable aumento: pasó de 29.655.243 barriles anuales, en 1938, a 283.576.922 barriles anuales en 1958.[202]

La formación de ingenieros y técnicos en las aulas universitarias y el esfuerzo de los trabajadores venezolanos en los campos petroleros contribuyeron a elevar la capacidad de producción.

Es importante destacar que las empresas extranjeras como Shell, Core Laboratorio y Creole, contribuyeron con becas para formar ingenieros y técnicos venezolanos, como los que se graduaron en la primera promoción de Geólogos en 1942, que iniciaron estudios el 16 de septiembre de 1938, en el Instituto de Geología de Caracas.

---

[202] "Producción Anual de Barriles [1958]", Archivo del Ministerio de Hidrocarburos y Minas (En adelante AMHM), Caracas, Sección de Datos Estadísticos.

El reconocido petrolero Efraín Barberii[203] es un estudioso con una vasta obra acerca de nuestra industria petrolera. Nació en Tucupita, estado Delta Amacuro, y egresó como ingeniero de petróleos de la Universidad de Oklahoma (1944). Una vez graduado, hasta 1947, fue ingeniero de producción en los campos de los estados Monagas, Anzoátegui y Guárico. En Tulsa University, durante el transcurso de sus estudios de posgrado, fue asistente docente del profesor C.V. Sidwell y al finalizar su maestría, fue profesor de ingeniería de petróleos. Su significativa obra es parte fundamental de nuestro acervo petrolero.

Barberii señala que los fundadores del Instituto de Geología fueron Pedro Ignacio y Santiago Aguerrevere, Víctor M. López, ingeniero de minas y geólogo de Columbia University, M.Sc. en el Massachussets Institute of Technology y Ph.D. en 1937; Manuel Tello B., ingniero civil de la Escuela Nacional de Minas de París en 1930; y Guillermo Zuloaga, Ph.D. del MIT en 1930, el primer inspector del Servicio Técnico de Hidrocarburos en Maracaibo y luego inspector técnico general de Hidrocarburos en Caracas.

El apoyo de los ministerios de Educación y Fomento, junto al de las empresas concesionarias, permitió contratar a los doctores Newton B. Knox, Eli Mencher, Hermann Kayser, L. Schnee, Bella Murakozy, John Brinemann y A. Kroboth.

---

[203] Recomendamos consultar el documento escrito por Barberii, Efraín, "La industria venezolana de los hidrocarburos", CEPET, Caracas, 1989.

Cita Efraín Barberii al geólogo Gorgias Garriga: "Todos estos aspectos fueron una réplica en pequeño de lo mejor que podían ofrecer entonces las escuelas de geología de las más renombradas universidades estadounidenses".

Los primeros egresados, en 1942, fueron Luis Candiales, José Rafael Domíngues, Eduardo J. Guzmán, Carlos E. Key, José Mas Vall, Leonardo Miranda Ruiz, José Pantín Herrera, Luis Ponte Domínguez, Ricardo Key y Lama, César Rosales, Oswaldo Salamanquez, José Vicente Sarría y Jesús Armando Yanes.

Dos años después este instituto se adhirió a la Escuela de Ingeniería de la Universidad Central de Venezuela como Departamento de Geología, Minas y Petróleos.

Los fundadores de este departamento fueron José Martorano (UCV-University of Oklahoma) como su Director, Santiago Vera (UCV-University of Oklahoma) como Decano de la Facultad de Ingeniería, Luis Elías Corrales (UCV-Tulsa University), Siro Vásquez (UCV-Tulsa University), Julio Sosa Rodríguez (Tulsa University), Erick Molinar, ingeniero químico graduado en Austria, y el notable geólogo Clemente González de Juana.

En 1951, la Universidad del Zulia crea su Escuela de Ingeniería de Petróleos, fundada por el propio Barberii y Georgias Garriga, Humberto Peñaloza, Blair Chan, Earl Dobbs, Michael Pintea, Chester Writz, Werner Tezlaff y Enrique Echegara. Los geólogos César Rosales, Gustavo Santana, José Rafael Domínguez, Angel Renato Boscán,

Alberto Vivas y Rafael Romero Camacho completaron el cuadro profesoral.

Acerca de los Ingenieros de Petróleo de la Universidad del Zulia en 1957, podemos citar la siguiente idea:

> "Es menester hacer cálido reconocimiento público a los esfuerzos de ingenieros de petróleo, geólogos y profesionales petroleros que activamente participaron en las labores iniciales de la Escuela [en 1952]: a Michael Pintea, de la Creole; a César Rosales y Augusto Santana, de la Shell, les tocó dictar las primeras clases, mientras se gestionaba la obtención de más profesores para dictar las primeras clases . . . en calidad de profesores auxiliares vinieron a prestar servicios el ingeniero Earl Dobbs y el Dr. Juan José Páez Maya, de la Creole y el Lic. Chester Writz, de la Mene Grande". [204]

Sus primeros egresados fueron Ernesto Agostini, Pedro Díaz, Francisco Guédez, Lindolfo León, Lucio Peralta, Dilcia Ramírez de Vivas, Ulises Ramírez, Arévalo Guzmán Reyes, Pedro Ríos, Mauricio Tedeschi, Edgar Valero y Hugo Vivas.

La Universidad de Oriente estableció su Escuela de Ingeniería de Petróleo en 1962, inicialmente en el campo de Jusepín, cedido por la Creole Petroleum (que desde 1943 era la sucesora de la compañía Standard Oil de Venezuela)[205]. El

---

[204] Efraín Barbierii, "Venezuela y sus técnicos petroleros", Revista Petróleo, Año X (1957), n. 115, pp. 23.

[205] Wayne Chatfield, *The Creole Petroleum Corporation in Venezuela*, Washington, National Planning Association, 1955, p. 12.

ingeniero Oscar Rojas Bocalandro fue su director fundador, acompañado por Ricardo Flores, Armando Azpúrua y Lamberto Franco.

La primera promoción de esta Escuela estuvo integrada por Víctor Carvajal, Luis Hernández, Lorenzo Mata, Raúl Márquez, Teobaldo Monasterios, Rigoberto Rincones y Luis Serrano.

Efrain Barberii comenta que los planes de formación las empresas concesionarias dieron magníficos resultados, en parte porque la Segunda Guerra Mundial fue causal para que muchos ingenieros extranjeros regresaran a prestar su servicio militar y mucho personal venezolano que regresaba de Estados Unidos fue supliendo la escasez de profesionales. La formación y desarrollo de personal venezolano en el país para los cuadros medios de las operaciones petroleras resultó igualmente beneficiada. La Mene Grande Oil Co. propuso a partir de 1941 que los perforadores fuesen venezolanos. De acuerdo a sus investigaciones, para el año 1956, Venezuela alcanzó a contar con 1910 profesionales en ingeniería (1735), geología (90) y arquitectura (85).

La historia sindical de Venezuela recoge notas interesantes sobre el rol que muchos trabajadores desempeñaron para mejorar sus condiciones laborales, manteniendo sus reivindicaciones y peticiones a las compañías extranjeras hasta que se produjo la nacionalización de la industria petrolera en 1976. Luego sería el Estado venezolano el receptor de las justificadas demandas de este fundamental brazo productivo nacional.

Sobre los primeros encuentros internacionales que sobre petróleo convocó la República, José Giacopini Zárraga relata que:

"(. . .) Dos Congresos geológicos tuvieron lugar en Venezuela bajo la presidencia del general Eleazar López Contreras y siendo Ministro de Fomento el Dr. Néstor Luis Pérez. Ambos eventos tuvieron señalada importancia por las personalidades del mundo científico que concurrieron a ellos y trabajaron en conjunto con los técnicos venezolanos, no muy numerosos entonces pero sí muy calificados. El comité organizador estuvo integrado así: Presidente, Dr. Néstor Luis Pérez, Ministro de Fomento; Secretario, Dr. Guillermo Zuloaga, geólogo del Servicio de Geología del Ministerio de Fomento; miembros del comité organizador: Santiago E. Aguerrevere; Manuel Tello B., ingeniero de minas; Pedro I. Aguerrevere, geólogo y geofísico del Servicio Técnico del Ministerio de Obras Públicas: F.L. Pantín Jr., presidente de la Sociedad Venezolana de Ciencias Naturales. La sesión inaugural tuvo lugar el 15 de febrero de 1937.

El segundo de esos congresos tuvo lugar en San Cristóbal, entre el 1 y el 7 de abril e 1938. (. . .)El esfuerzo organizativo de este segundo congreso fue especialmente exigente, puesto que fue necesario trasladar desde Caracas una comitiva de 100 personas. Se hizo en cuatro grupos porque no existían en el interior facilidades hoteleras para un grupo tan númeroso. En San Cristóbal el alojamiento fue en casas de familia,

ofrecidas amablemente a los congresantes con esa
característica hospitalaria del pueblo del Táchira."[206]

Los adelantos científicos tecnológicos y el adiestramiento permitieron a la región Oriental de Venezuela aportar un volumen importante de la producción petrolera durante el período de 1938 a 1958, período en el cual pasó de 29.655.243 barriles anuales a 283.576.922 barriles anuales[207].

Los impresionantes campos de Jusepín, Temblador (en Monagas), El Tigre, Anaco, San Joaquín, (el Grupo Oficina, en Anzoátegui) y Las Mercedes (en Guárico), y a la suma de los campos de menor extensión: Quiriquire (en Monagas), Pedernales (Delta Amacuro) y Punzón, Grico, Palacio, Guavinita, Ruiz, Retumbo, Las Ollas, Sabán, Tucupido y Dako (en Guárico) son algunos de los más productivos.

La producción petrolera venezolana registró, de 1938 a 1958, un considerable aumento. Para el año de 1940, reportó ingresos al fisco de Bs. 330 millones.[208] Para 1960, la cifra se incrementó a Bs. 4.968 millones.[209]

---

[206] José Giacopini Zárraga, *Antecedentes históricos de la industria petrolera nacional*, Caracas, PDVSA, 1987.
[207] AMHM, "Producción de Barriles Diarios", 1958, Caracas, Sección de Datos Estadísticos.
[208] AMHM, "Ingresos al Fisco Nacional por concepto de Producción Petrolera", 1962, Caracas, Sección de Datos Estadísticos.
[209] *Idem.*

A Modo de Conclusión.

En el período comprendido entre 1938 y 1958, a través de las inversiones en infraestructura y del asentamiento en los campos petroleros de Jusepín, San Joaquín, Duarte, Punta de Mata y Temblador, y del desarrollo de localidades como Las Mercedes, El Tigre, San José de Guanipa, San Tomé, Puerto La Cruz, Pedernales, Caripito y Quiriquire, la industria petrolera venezolana se afianzó en el Oriente.

Los primeros trabajadores de las empresas extranjeras que vinieron tras el petróleo y los trabajadores venezolanos que se incorporaron progresivamente a las labores de exploración y explotación en la región, padecieron la insalubridad de las selvas y de los pantanos, la falta de agua potable, la carencia de vías de comunicación, el ensordecedor ruido de las maquinarias y el humo que éstas desprendían, el ardiente calor y las lluvias incesantes, el poder prácticamente incontrolable de las inundaciones y de los inmensos ríos, la presencia del peligroso anopheles en el hábitat natural de las más variadas especies ponzoñosas.

Encontraron campos vacíos, bajo los cuales yacían enormes cantidades de la sustancia por la que devengaban sus salarios y el sustento de sus familias. Sumaron sus esfuerzos para levantar torres petroleras e instalaciones que nunca antes se habían visto en esas tierras. Construyeron refinerías, puertos, rieles, carreteras y oleoductos. Muchos hombres del Oriente venezolano, acostumbrados a la siembra, a la pesca y al ganado, ahora desempeñarían un rol para el que no había preparación previa, sino el aprendizaje empírico y la práctica diaria, como encuelladores, como wincheros, como obreros de pozo.

Los nuevos oficios relacionados con la naciente industria no les resultaron extraños porque antes que nada estos valientes hombres tenían un deber para con sus familias. También tenían un compromiso con su país, en circunstancias difíciles, desafiantes, intimidantes para el común de la gente.

Hicieron valer el trabajo de sus manos y de su ingenio para mejorar sus condiciones de vida. No lo hicieron sin la ayuda de la tecnología venida del Norte de América. A la tecnología se sumó la voluntad de aprendizaje de estos seres humanos y la presencia esencial de las mujeres, que con dedicación alimentaban sus hijos y sus almas.

En solo veinte años, casi de la nada, hicieron de los extensos campos y las frondosas selvas del oriente, un espacio atravesado por las primeras carreteras, casas, stadiums, acueductos, cloacas, escuelas y hospitales. De la mano de estos hombres, el paisaje del Oriente de Venezuela comenzó progresivamente a cambiar.

A los hombres y a las mujeres del petróleo en oriente, no les faltó coraje y capacidad creadora para transformar ese enorme espacio. Y allí, sin descanso, trabajar para procurar el pan que alimentara sus familias y adecuar el cobijo de su futuro.

Acompañados por esa multitud anónima, mujeres e hijos de todas las edades, un mosaico humano compuesto por indígenas, afroamericanos, blancos, andinos, margariteños, caraqueños, guayaneses, zulianos, corianos, larenses, llaneros, italianos, españoles, polacos, sirios, estadounidenses, libaneses, chinos y árabes, entre muchas otras nacionalidades, hizo posible en esos veinte años una realidad distinta a la que podría pensarse podía aspirar un país que en 1938 tenía, sin duda, muchas más carencias materiales que abundancia.

En 1958, pese a la gran cantidad de dinero entró a las arcas nacionales no hubo una política de ahorro que asegurara las inversiones necesarias para mejorar la calidad de vida en aquella región. Aún había mucho por hacer, como ahora mismo.

En 1930, la región produjo el 1,03% de la producción total nacional. Ese año ingresaron al fisco por concepto de la producción de petróleo, Bs. 47 millones. La cantidad de dinero que ingresó al país producto de la actividad de explotación petrolera en la región ascendió a Bs. 484.100.[210] La tasa de cambio aproximada era de Bs. 3,35 por cada dólar estadounidense.

Para el año 1938, el ingreso por concepto de la producción petrolera nacional fue de Bs. 118,6 millones. La región aportó el 15,77% del total nacional, lo cual equivale a Bs. 18,7 millones.[211]

[210] AMHM, "Ingresos al Fisco Nacional por concepto de Producción Petrolera", 1962, Caracas, Sección de Datos Estadísticos.
[211] Idem.

El ingreso producto de la aplicación efectiva del impuesto adicional conocido como "fifty-fifty" en la modificación de la Ley del Impuesto Sobre la Renta en 1948, bajo el gobierno del presidente Rómulo Gallegos, se tradujo en una recaudación récord en el total del ingreso fiscal venezolano por concepto petrolero, al pasar de Bs. 689 millones en 1947 a Bs. 1.158 millones en 1948.[212]

En tiempos de dictadura, para el año 1957, Venezuela suministró el 53,3% del total de las importaciones de petróleo de los Estados Unidos de América, nuestro principal cliente. Canadá le siguió con el 15,7% y Kuwait con el 12,8%. Arabia Saudita llegaba al 5%.[213]

Entre 1954 y 1958, la producción petrolera que se destinaba al mercado estadounidense pasó de 707.120 barriles diarios a 1.047.640 barriles diarios.[214] Desde 1928 hasta 1958, Venezuela fue el primer proveedor de petróleo de los Estados Unidos de América.

En 1958, cuando se registró un ingreso total por concepto de producción petrolera de Bs. 2.713 millones, la región oriental venezolana aportó el 29,83% de la producción petrolera nacional, lo cual equivale a Bs. 809 millones.[215]

La crisis por la nacionalización del Canal de Suez en 1956, vía de transporte marítimo neurálgica para el mercado

---

[212] *Idem.*
[213] Luis Vallenilla, *Ob. Cit.*, p. 152.
[214] *Idem.*
[215] AMHM, "Ingresos al Fisco Nacional por concepto de Producción Petrolera", 1962, Caracas, Sección de Datos Estadísticos.

mundial de energía, provocó un incremento en la producción petrolera venezolana. La situación en aquella zona se normalizaría en 1958.

Luego de muchos años al margen del mercado petrolero internacional, la entonces Unión de Repúblicas Socialistas Soviéticas (URSS) ingresó nuevamente con millones de barriles anuales a finales de la década de los años 50. La oferta mundial de petróleo crecía vertiginosamente.

A esta situación se sumó la puesta en vigencia, en los Estados Unidos de América, de un Programa Obligatorio de Restricciones Petroleras en el año 1959.

La entrada de la producción venezolana a su principal cliente se vio afectada por estas medidas, que establecieron cuotas de importación hacia este destino esencial.

La enorme ayuda del European Recovery Plan, o como es conocido usualmente, el Plan Marshall, fortaleció a Europa occidental:

> "En el bienio 1958-1959 el fracaso de las mercancías norteamericanas, usualmente de precio alto, para introducirse en un mercado cada día más competido como el europeo, redujo grandemente nuestro usual excedente de importaciones y exportaciones a favor de las últimas, y era justamente eso lo que, hasta entonces, había enjugado los gastos americanos militares y de otro

tipo en el extranjero. La restablecida economía de la Europa occidental constituía ahora una zona incitante para el inversor. Por otra parte los turistas dedicaban más tiempo y dinero a sus visitas al extranjero, en tanto los visitantes recibidos por nosotros eran relativamente escasos. Los gobiernos foráneos restringieron también el nivel de inversiones de sus connacionales en empresas norteamericanas, al tiempo que, sin nadie poderlo evitar, crecían al compás de las exportaciones de este país los créditos comerciales a corto término. Como resultado de todo esos factores el déficit de nuestra balanza de pagos, que venía siendo de 1000 millones de dólares al año, se elevó repentinamente a casi 4000 millones".[216]

La década de los años 60 comenzó con factores económicos que permitieron a los tenedores de bonos en Bonn y Londres elevar sus tasas de interés para operaciones crediticias "de corto término", lo que causó que grandes sumas depositadas en Nueva York cambiaran de ubicación a Europa occidental.

El tema es muy interesante y habla de un mundo que desde entonces está totalmente interrelacionado. Venezuela debería tomar en cuenta, en las grandes decisiones de su política internacional y económica, el hecho de que las deudas adquiridas hoy serán enfrentadas por las generaciones futuras, en una turbulenta época en la que ninguna previsión es poca.

---

[216] Theodore Sorensen, "*Kennedy*", Barcelona, Grijalbo, 1965, p. 605.

Decisiones sanas, con el cálculo apropiado, prudente y sensato, en las que prevalezca la voluntad de diálogo, son lo deseable para asegurar la paz y atraer la inversión verdaderamente beneficiosa que se traduce en miles de puestos de empleo estable, en el desarrollo de iniciativas comunitarias que arrojen resultados, y en la aplicación de una tecnología de punta en nuestros yacimientos.

Esa tecnología ha requerido más de un siglo para ser perfeccionada, y se sigue mejorando día a día, en los laboratorios de las mejores universidades y centros de investigación del mundo.

De modo incontestable, todo ello está vinculado a una apreciable mejora en las condiciones de vida de los venezolanos.

De acuerdo a los datos del Ministerio de Minas e Hidrocarburos, en 1958 hubo 44.720 trabajadores en total en la industria petrolera venezolana, de los que 39.191 eran venezolanos y 5.529 extranjeros. La industria contaba con 24.866 obreros petroleros venezolanos y 857 obreros petroleros venidos de otros países.[217]

La producción de Venezuela en el mercado estadounidense fue paulatinamente desplazada por la de Canadá, y el país acumuló una producción que el mercado internacional no estaba en capacidad de absorber, con gravísimas

---

[217] AMHM, "Personal promedio en la Industria petrolera venezolana", 1962, Caracas, Sección de Datos Estadísticos.

consecuencias para nuestra economía y los índices de empleo en la industria.[218]

Este hecho sería un factor decisivo para que en 1960, se fundara la Organización de Países Exportadores de Petróleo (OPEP), con la destacada participación de un austero venezolano que predicó con el ejemplo, Juan Pablo Pérez Alfonzo. Con su impresionante producción, Arabia Saudita—que con notable eficiencia aporta más de 9,8 millones de barriles diarios al mercado internacional-, finalmente se convirtió en la voz regente de este organismo.

Las mismas aspiraciones se mantienen: hospitales públicos dotados con personal profesional bien pagado, educación con instalaciones a la altura, profesores capacitados y adecuadamente remunerados, servicios de agua, electricidad, gas y aseo urbano eficientes, para procurar seguridad, calidad de vida, progreso, mejoramiento y oportunidades. Ligado a ello está la fortaleza del signo monetario y de su capacidad adquisitiva, fuertemente afectada en lo que ha transcurrido de siglo.

He allí, el compromiso de quienes llevarán a Venezuela al siglo XXI, materialmente hablando.

Sobre el siglo XX, Manuel Caballero (1931-2010), afirmó:

"Venezuela se enfrentó a dos grandes retos en este siglo. Y, de buena y mala manera, a ambos ha sido capaz de superarlos, en la medida en que este último término pueda

---

[218] Luis Vallenilla, *Ob. Cit.*, p. 147.

tener significado en historia, haciendo salvedad de que nunca lo son y tal vez nunca podrán serlo definitivamente, de que siempre habrá el peligro de un retroceso, y de que tampoco el resultado es completo ni perfecto, de que permanecen islas de derrota en el agua para nada mansa de una victoria. Esos dos retos han sido el de la guerra y el de la tiranía, o sea, el de imponer su contrario, la paz y la democracia".[219]

Una nueva generación de venezolanos, todos ellos nacidos en las últimas tres décadas del siglo XX, pronto tendrá en sus manos el destino de la República.

De su talante para dialogar, de su voluntad para escuchar, y muy en particular, de su disposición para valorar el aporte de la gente honesta y capaz con la que cuenta el país, dependerá que eviten los errores que explican el por qué de las angustias de la Venezuela actual.

Tienen una fuente de inspiración cercana: El ejemplo de quienes trabajando duro en 1938, enfrentando graves carencias en materia de salud, educación, infraestructura y servicios, se arrojaron con decisión a sentar las bases para sacar adelante aquel país, en el que muy difícilmente podría reunirse—en esos primeros años luego de la dictadura gomecista-, unos pocos cientos de venezolanos con una conciencia clara de lo que significaba un Estado moderno.

El progreso del país está ligado ineludiblemente a una sabia administración de sus recursos naturales, en especial a la de los que descansan en la Faja del Orinoco, y a un intenso

---

[219] Manuel Caballero, *Las crisis...*, p. 217.

proceso de ingeniería política, que redefina el papel de las instituciones y sus contrapesos.

El culto a la personalidad y el autoritarismo, representado por los tres dictadores del siglo XX, el cabo Cipriano Castro, el general Juan Vicente Gómez y el general Marcos Pérez Jiménez, debe pasar a ser entonces expresión categórica del pasado.

Pese a las "islas de derrota", y a las dificultades—algunas de ellas descritas en las páginas que preceden estas líneas-, Venezuela ha prevalecido.

Los tiempos venideros son propicios para recordarlo.

Referencias

Los retos que enfrenta la humanidad relacionados con la energía (petróleo, gas, biodiesel, hidroelectricidad, energía nuclear, luz solar, viento, etc.) y el medio ambiente (calentamiento global, polución, desertificación, etc.), son especialmente importantes en esta primera década del siglo y plantean fértiles territorios para la investigación.

Abundan tópicos que aún no han sido desarrollados y los que a la luz de los años y de la tecnología bien pueden ser alimentados con nuevos aportes y diversas perspectivas.

De las fuentes para esta investigación, solo puedo decir que se han nutrido de 20 años de lecturas, debido en parte a la íntima relación de mi familia con el petróleo, y por otro lado, no menos importante, por la vital importancia del tema para comprender la historia contemporánea de Venezuela.

Agradezco la colaboración que me dispensaron los pasantes de la Biblioteca Central de la Universidad Central de Venezuela y los amables referencistas que atendieron todas y cada una de mis consultas en las Universidades de Texas en Austin, Indiana y Purdue.

La colección "Historia Mínima", a saber, "De Venezuela"; "De la economía venezolana"; "De la cultura venezolana"; "De las mujeres venezolanas", editadas por la Fundación de los Trabajadores de Lagoven entre 1992 y 1997, por la competencia de sus autores y la agilidad de su estilo, resulta muy valiosa para "encontrarse con el panorama" de los interesantes sucesos del devenir de la República hasta el siglo XX.

Las páginas de estas cuatro obras son muy útiles para todos los venezolanos, pero en especial lo serán para los que han nacido en el siglo XXI, a la fecha de hoy muy próximos a tomar en sus manos un libro "para mayores" por primera vez en sus vidas.

Por último, pero no por ello menos importantes, están presentes las reflexiones que hice gracias a la lectura de los escritos de los Doctores Manuel R. Egaña, Juan Pablo Pérez Alfonzo, José Antonio Navarro Ochoa, Aníbal Rafael Martínez Navarro, y Gustavo Coronel.

Las fuentes consultadas, en general, se encontraban en un excelente estado de conservación.

I.—Fuentes de archivo:

Archivo de Chuck Clausen, Texas, 1937.

Archivo de John Lowrey, Texas, 1940.

Archivo de Randy Trahan, Walnut Creek, California, 1937-1958.

Archivo de Richard Monnin, Standard Oil de Venezuela, Maturin, 1938-1958.

Archivo del Doctor Edgardo Malaspina, Cronista de Las Mercedes del Llano, 1952.

Briceño, Méndez, W. Informe presentado al Poder Ejecutivo sobre la exploración de la región carbonífera de Tulé y los depósitos de petróleo, betunes, asfaltos y carbón del Estado, Fundación Belloso, 1965.

Banco Central de Venezuela, Memoria (Anual), Memoria Especial 1950-1955.

Bullman, Ch., Recursos Minerales de Venezuela, Nueva York, 1950.

Corporación Venezolana de Petróleo, Reportes anuales, 1945.

Obras de Adolf Dehn en Venezuela, Archivo de Randy Trahan, 1940.

El Farol, Creole Petroleum Corp., 1949-1950.

Fortin, E. Un plano del bitumen en Venezuela, Sociedad Geográfica de París, 1905.

Funkhouser, H. Campos petroleros de Santa Ana, San Joaquín y Santa Rosa, Anzoátegui Central, Venezuela, Asociación Americana de Petróleo, 1948.

Gaceta Oficial 17169, 16 de julio de 1930, Caracas, Imprenta Nacional.

Halse, W. Campos petroleros en Buchivacoa, Venezuela, Asociación Americana de Petróleo, 1937.

Hedberg, H. Campos petroleros en el área de Campo Oficina, Anzoátegui Central, Venezuela, Asociación Americana de Petróleo, 1948.

Instituto Nacional de Estadística, Censos de población de 1936, 1941, 1950 y 1951, Caracas, INE, 2009.

Memorias Ministerio de Fomento, 1917, 1930 y 1938, en el Archivo del Ministerio de Minas e Hidrocarburos, Caracas.

Memoria y Cuenta del Ministerio de Minas e Hidrocarburos, Memoria: Petróleo y otros datos estadísticos, 1930-1958, en el Archivo del Ministerio de Minas e Hidrocarburos, Caracas.

Patterson, J. y Wilson, J. Campos petroleros en la región de Las Mercedes, Guárico, Venezuela, Asociación Americana De Petróleo, 1953.

Regan, J. Notas sobre los campos de Quiriquire, Distrito Piar, Monagas, 1938.

Wall, G.P., On the Geology of a part of Venezuela and Trinidad, Geological Society London Journal, Vol. 1, 1860.

II.—Bibliográficas:

ARNOLD, Ralph, George A. MACREADY y Thomas W. BARRINGTON, *Venezuela Petrolera: Primeros pasos, 1911-1916*, Caracas, Andrés Duarte Vivas—Trilobita Fundación Editorial, 2008.

AZÓCAR, Jesús, *Bibliografía del Estado Monagas*, Maturín, Gobernación del estado Monagas, 1982.

BAPTISTA, Asdrúbal, *El petróleo en el pensamiento económico venezolano*, Caracas, Ediciones del IESA, 1987.

BARBERII, Efraín, *La industria venezolana de los hidrocarburos*, Caracas, Cepet, 1989.

BARQUÍN GIL, Julián, *Energía: Técnica, Economía y Sociedad*, Madrid, Universidad Pontificia, 2004.

BASTIDAS, Carmen, *Guárico como Factor de Desarrollo Socioeconómico*, San Juan De Los Morros, UNERG, 2003.

BENZ, Wolfgang y Hermann GRAML, *Europa después de la Segunda Guerra Mundial*, México, Siglo veintinuo editores, 1986.

BETANCOURT, Rómulo, *Venezuela : política y petróleo*, Caracas, Monte Ávila, 1956.

_____, *Venezuela : dueña de su petroleo*, Caracas, Catala-Centauro, 1975.

Boletín del Banco Central de Venezuela para el año 1958, Caracas, Biblioteca del BCV, 1958.

BOUÉ, Juan Carlos, *Venezuela, The Political Economy of Oil*, Oxford, Oxford University Press, 1993.

BROEHL, Wayne G., *United states business performance abroad: the case study of the International Basic Economy Corporation*, New York, National Planning Association, 1968.

CABALLERO, Manuel, *Gómez, El tirano liberal*, Caracas, Monteávila, 1995.

_____, *Historia de los venezolanos en el siglo XX*, Caracas, Alfadil, 2010.

_____, *Las crisis de la Venezuela contemporánea (1903-1992)*, Caracas, Alfadil, 2007.

CATALÁ, José Agustín, *Petróleo, su origen, historia general, y desarrollo de la industria en Venezuela*, Caracas, Ediciones Centauro, 1974.

CHATFIELD, Wayne, *The Creole Petroleum Corporation in Venezuela*, Washington, National Planning Association, 1955.

CHASTKO, Paul A., *Developing Alberta's Oil Sands: From Karl Clark to Kyoto*, Calgary, University Of Calgary Press, 2005.

CHERNOW, Ron, *Titan: The Life of John D. Rockefeller*, Sr., New York, Vintage Books, 1998.

CHILINGARIAN, George V. y Teh FU YEN, *Bitumens, Asphalts and Tar Sands (Development in Petroleum Science)*, Amsterdam, Elsevier Science, 1978.

CILENTO SARLI, Alfredo, "Infraestructura petrolera en Venezuela 1917-1975", en: Juan José Martín Frechilla y Yolanda Texera Arnal (comps.) *Petróleo nuestro y ajeno. La ilusión de modernidad*, Consejo de Desarrollo Científico y Humanístico—UCV, Caracas, 2004.

ConocoPhillips Company, *Phillips Company History*, Houston, ConocoPhillips, 2007.

CONSALVI, Simón Alberto., *El precio de la historia y otros textos políticos*, Caracas, Comala, 2001.

_____, *El petróleo en Venezuela*, Caracas, Bigott, 2004.

CORONEL, Gustavo, *El petróleo viene de la luna*, Bogotá, Amado González & Cía, 2010.

_____, *The nationalization of the Venezuelan oil industry from technocratic success to political failure*, Lanham, Lexington books, 1983.

_____, *Una perspectiva gerencial de la Corporación Venezolana de Guayana*, Caracas, Melvin, 1995.

_____, *Venezuela: La agonia del subdesarrollo*, Caracas, Melvin, 1990.

CORONIL, Fernando, *The Magical State: Nature, Money, and Modernity in Venezuela*, Chicago, University of Chicago Press, 1997.

Corporación Venezolana del Petróleo, *Síntesis histórica de la industria del petróleo en Venezuela*, Caracas, CVP, 1962.

Corporación Monaguense de Turismo, *El municipio Sotillo*, Maturín, Ed. Cormotur, 2008.

Creole Petroleum Corporation, *Working with Creole*, Maracaibo, Creole Petroleum Corp., 1956.

CROISSANT, Michael P. y Aras Bulent, *Oil and Geopolitics in the Caspian Sea Region*, Westport, Praeger Publishers, 1999.

CUNILL GRAU, Pedro, *Las transformaciones del espacio geohistórico latinoamericano*, 1930-1990, México, Fondo de Cultura Económica y El Colegio de México, 1996.

_____, "La geohistoria" En: *Para una historia de América: Las estructuras*, México, Fondo de Cultura Económica, 1999.

CUPOLO, Marco, *Petróleo y política en México y Venezuela*, Caracas, USB, 1997.

DALTON L.V., *Venezuela*, Londres, Fishin y Unwin, 1912.

DE ARMAS CHITTY, J.A., *Historia del Guárico*, San Juan de Los Morros, UNERG, 1979.

DI JOHN, Jonathan, *From Windfall to Curse?*, Pittsburgh, Penn State, 2009.

EGAÑA, Manuel R., *Tres decadas de producción petrolera*, Caracas, Tipografía Americana, 1947.

ELLNER, steve, *The Venezuelan Petroleum Corporation and the debate over government policy in basic industry*, 1960-1976, Glasgow, University of Glasgow, Latin American Studies, 1987.

EWELL, Judith, *Venezuela y los Estados Unidos : desde el hemisferio de Monroe al imperio de petróleo*, Caracas, UCAB, 1999.

FERRÁN, Bernardo, *Los precios del petróleo*, Caracas, Banco Central de Venezuela, 1982.

GARAY, Juan, *Qué es el petróleo: perforación, refinación, transporte, derivados, historia y economía, con referencia a Venezuela*, Caracas, Ciafré, 1977.

GERRETSON, Frederick Carel, *History of the Royal Dutch*, Leiden, Brill Archive, 1953.

GIACOPINI ZÁRRAGA, José, *Antecedentes Históricos de la Industria Petrolera Nacional*, Caracas, PDVSA, 1985.

Gobernación del estado Delta Amacuro, *El Estado Delta Amacuro*, Tucupita, CNTI, 2009.

GONZÁLEZ CASAS, Lorenzo, "Nelson A. Rockefeller y la modernidad venezolana: Intercambios, empresas y lugares del siglo XX", En: Juan José Martín Frechilla y Yolanda Texera Arnal (comps.) *Petróleo nuestro y ajeno. La ilusión de modernidad*, Consejo de Desarrollo Científico y Humanístico—UCV, Caracas, 2004.

GONZÁLEZ DE JUANA, Clemente; J. ITURRALDE DE AROZENA y X. PICARD, *Geología de Venezuela y de sus Cuencas Petrolíferas*, Caracas, Foninves, 1980.

GONZÁLEZ MIRANDA, Rufino, *Estudios acerca del régimen legal del petróleo en Venezuela*, Caracas, 1958.

GOTTBERG, Carlos, *Imagen y huella de Arnoldo Gabaldón*, Caracas, INTEVEP, 1981.

HARWITCH VALLENILLA, Nikita, *asfalto y revolucion la New York Company*, Caracas, Monteávila, 1991.

KAPUSCINSKI, Ryszard, *El Imperio*, Barcelona, Anagrama, 1994.

LETWIN, William, *Law and Economic Policy in America: The Evolution of the Sherman Antitrust Act*, Chicago, University of Chicago Press, 1965.

LIEUWEN, Erick, *Petróleo en Venezuela*, California, Berkeley University Press, 1978.

LÓPEZ MAYA, Margarita, *EEUU en Venezuela: 1945-1948*, Caracas, Universidad Central de Venezuela, 1996.

LÓPEZ-ORIHUELA, Alcides, *Venezuela democrática: política, educación y petróleo*, Caracas, Espasande, 1985.

LOVERA, Aníbal, *La nacionalización del petróleo en Venezuela : hechos y perspectivas 1980*, Caracas, Universidad Central de Venezuela—Facultad de Ciencias Económicas y Sociales, 1980.

MACHADO DE ACEDO, Clemy, *La reforma a la ley de hidrocarburos,* Caracas, CEPET, 1990.

MALAVÉ MATA, Héctor, *Petróleo y desarrollo económico de Venezuela*, Caracas, Ediciones Pensamienta Vivo, 1962.

_____, *El petróleo, el bolívar y el fisco*, Caracas, Monte Ávila Editores Latinoamericana y Banco Industrial de Venezuela, 2000.

MALAVÉ VERA, Carmen, *La OPEP y la crisis mundial del petróleo*, Caracas, Universidad Central de Venezuela, Ediciones de la Biblioteca, 1982.

MARADEI, Constantino, *Historia del estado Anzoátegui*, Caracas, Ed. Presidencia de la República, 1991.

MARBELL, Ida M., *The History of the Standart Oil Company*, New York, Dover Publications, 1966.

MARTÍN FRECHILLA, Juan José y Yolanda TEXERA ARNAL (comps.) *Petróleo nuestro y ajeno. La ilusión de modernidad*, Consejo de Desarrollo Científico y Humanístico—UCV, Caracas, 2004.

MARTÍNEZ, Aníbal, *Camino de Petróleo*, Caracas, Petróleos de Venezuela, 1986.

_____, *Diccionario del petróleo venezolano*, Caracas, Los libros del Nacional, 1997.

_____, *Cronología del petróleo venezolano*, Caracas, Ediciones Foninves, 1976.

_____, *Gumersindo Torres*, Caracas, Ediciones Foninves, 1980.

_____, *Historia Petrolera de Venezuela en 20 jornadas*, Caracas, Edreca, 1973.

_____, *Imagen y Huella de Clemente González de Juana*, Caracas, INTEVEP, 1990.

_____, *La Faja del Orinoco*, Caracas, Galac, 2004.

_____, *Recursos de hidrocarburos de Venezuela*, Caracas, Edreca, 1972.

MAZA ZAVALA, Domingo, Felipe, Moreno Colmenares, José y Parra Luzardo,Gastón, *La insuficiencia del ahorro nacional en América Latina*, Caracas, Banco Central de Venezuela, 2008.

MCBETH, B.S., *"Juan Vicente Gomez and the Oil Companies in Venezuela"*, Cambridge, Cambridge University Press, 2003.

MEDINA ANGARITA, Isaías, *Cuatro años de Democracia*, Caracas, Pensamiento Vivo, 1963.

MEINERS, Roger, Al RINGLEB, Frances EDWARDS, *The Legal Environment of Business*, St Paul, West publishing, 1991.

Mene Grande Oil Company, *Employment in Mene Grande*, Pittsburgh, Mene Grande Oil Company, 1954.

MEJÍA ALARCÓN, Pedro Esteban, *La industria del petróleo en Venezuela*, Caracas, Instituto de Investigaciones Económicas y Sociales de la Universidad Central de Venezuela, 1972.

Ministerio de Minas e Hidrocarburos, *Léxico Estratigráfico de Venezuela*, Caracas, 1970.

MONNIN, Richard, *Los Hombres del Petróleo en Oriente*, Maturín, 1980.

MONTERO, Tamara, *Glosario Estratigráfico*, Caracas, Centro de Información Técnica de PDVSA, 1997.

MONTIEL ORTEGA, Leonardo, *Petróleo y planificación : un enfoque actualizado de los problemas técnico-económicos del petróleo en Venezuela y el mundo*, Caracas, USM, 1982.

MORISON, Samuel Eliot, Henry STEELE COMMAGER y William E. LEUCHTENBURG, *Breve historia de los Estados Unidos de América*, México, Fondo de Cultura Económica, 1999.

NAIM, Moisés y PIÑANGO, Ramón, *El Caso Venezuela*, Caracas, IESA, 1984.

NAVARRO OCHOA, José Antonio, *La Vida Rural en Venezuela*, Nueva York, Cornell, 1960.

NEVINS, Allan y Henry STEELE COMMAGER, *A Pocket History of the United States*, New York, Pocket Books, 1992.

OTERO SILVA, Miguel, *Oficina Número 1*, Bogotá, Oveja Negra, 1961.

PARKER, R.A.C., *Europa: 1918-1945*, México, Siglo veintiuno editores, 1978.

PEDERSON, Jay, *International Directory of Company Histories, Vol. 49*, Lansing, St. James Press, 1988.

PÉREZ ALFONZO, Juan Pablo, *El pentágono petrolero: la política nacionalista de defensa y conservación del petróleo*, Caracas, Revista Politica, 1967.

_____, *Petróleo y Dependencia*, Caracas, Síntesis Dosmil, 1971.

_____, *Petróleo, jugo de la tierra*, Caracas, Arte, 1961.

_____, *Política Petrolera*, Caracas, Imprenta Nacional, 1962.

PÉREZ SCHAEL, María Sol, *Petróleo, cultura y poder en Venezuela*, Caracas, Monte Ávila Editores Latinoamericana, 1993.

Petróleos de Venezuela, S.A., [en adelante PDVSA], *Código Geológico de Venezuela*, Caracas, PDVSA-Intevep, 1997.

PDVSA, *Diez años de la Industria Petrolera Nacional 1976-1985*, Caracas, PDVSA, 1985.

PDVSA, *Glosario Petrolero*, Caracas, PDVSA-Intevep, 1997.

PDVSA, *Los Antecesores*, Caracas, Lagoven, 1989.

PIETRI, Alejandro, *Lago Petroleum Corporation, Standard Oil Company of Venezuela y Compañia de Petróleo Lago contra la nación, por la negativa de exoneración de derechos de importación*, Caracas, Lit. y Tip. del Comercio, 1940.

PINEDA, Nelson, *Petróleo y populismo en la Venezuela del siglo XX*, Caracas, Fondo Editorial Tropykos, 1992.

PLAZA, Salvador de la, *Breve historia del petróleo y su legislación en Venezuela*, Caracas, Grafiunica, 1973.

_____, *Petróleo y soberanía nacional*, Merida, Venezuela, Universidad de los Andes, Consejo de Publicaciones, 1996.

PRIETO SOTO, Jesús, *¡Arriba Juan Pablo!*, Maracaibo, Impresora Nacional, 1982.

_____, *El Chorro: Gracia o maldición*, Maracaibo, LUZ, 1975.

QUINTERO, Rodolfo, *Antropología del Petróleo*, México, Siglo XXI, 1972.

_____, *El petróleo y nuestra sociedad*, Caracas, Ediciones de la Biblioteca de la Universidad Central de Venezuela, 1978.

_____, *La cultura del petróleo*, Caracas, Ediciones FACES/UCV, 1985.

RAVARD, Rafael Alfonzo, Discurso de incorporación a la Academia Nacional de Ciencias Físicas, Matemáticas y Naturales: *"Venezuela y Energía. Agente de Transformación"*, Caracas, ANCFMN, 1982.

RODRÍGUEZ BARRERA, Alberto, *La educación en tiempos de Rómulo*, Caracas, s/d, 2010.

RODRÍGUEZ, Luis Cipriano, *Gómez, agricultura, petróleo y dependencia*, Caracas, Fondo Editorial Tropykos, 1983.

RODRÍGUEZ GALLAD, Irene y YANEZ, Francisco, *Cronología Ideológica de la Nacionalización Petrolera en Venezuela*, Caracas, Imprenta Universitaria, 1977.

RODRÍGUEZ GALLAD, Irene, *El petróleo en la historiografía venezolana*, Caracas, Ediciones FACES/UCV, 1974.

RODRÍGUEZ-RÍSQUEZ, Policarpo Antonio, *Petróleo en Venezuela ayer y hoy*, Caracas, Universidad Central de Venezuela, Facultad de Ciencias Económicas y Sociales, 1977.

SALAZAR CARRILLO, Jorge, *Oil and Development in Venezuela during the Twentieth Century*, Greenwood, 1994.

SALAZAR ZAID, Iván, *El Petróleo en el Zulia*, Maracaibo, Academia de Historia del Estado Zulia, 2004.

SAMPSON, Anthony, *The seven sisters: The great oil companies & the world they shaped*, Nueva York, Viking Adult, 1976.

SERVELLO, Juan, "Heavy Oil Development and the Venezuelan Petroleum Industry: Technical Issues and Economic Considerations" en: Ragai EL MALLAKH, *Heavy Versus Light Oil: Technical Issues and Economic Considerations*, Boulder, International Research Center for Energy and Economic Development, 1993.

Sinclair Oil, *Sinclair: A great name in Oil*, New York, Sinclair Oil Corp., 1966.

SOLANO, José Ramón, *Petróleo y energía : una visión estratégica*, Caracas, Universidad Metropolitana, 2006.

SOSA PIETRI, Andrés, *Petróleo y poder*, Caracas, Venezuela, Planeta Venezolana, 1993.

STOCKDALE, Shirley Jean, *My School days in Venezuela*, Caripito School Memories, Caripito, 1952.

SUÁREZ VILLALOBOS, Adolfo, *Presente y futuro del petróleo en el desarrollo económico de Venezuela*, Caracas, Editorial Arte, 1987.

SULLIVAN, William M. y BURGGRAAFF, Winfield J, *El petróleo en Venezuela: una bibliografía*, Caracas, Ediciones Centauro, 1977.

TEJERA PARÍS, Enrique, *Gobierno en Mano, Memorias (1958-1963)*, Caracas, Libros Marcados, 2009.

TELLO, J. *Historia del Petróleo en Venezuela*, Caracas, El farol, 1966.

TORREALBA ALVAREZ, Raúl, *Petróleo en Venezuela: la nacionalización*, Bogotá, Editorial Pluma, 1980.

URBANEJA, Diego Bautista, Pueblo y petróleo en la política venezolana del siglo XX. Caracas, Venezuela: Monte Ávila Editores, 1993.

USLAR PIETRI, Arturo, *Venezuela en el petróleo*, Caracas, Urbina & Fuentes, 1984.

VALLARINO DE BRACHO, Carmen, *La nueva frontera: de cómo se sembró el petróleo*, Maracaibo, Editorial de la Universidad del Zulia, Vadell Hermanos, 1989.

VALERY, Rafael, *Las Comunidades Petroleras*, Caracas, Lagoven, 1980.

VALLENILLA, Luis, *Auge, Declinación y porvenir del petróleo venezolano*, Caracas, Monte Ávila Editores, 1990.

VILA, Marco Aurelio, *Aspectos Geográficos del estado Anzoátegui*, Caracas, CVF, 1953.

WEST, Bernardette, *Oil and Development in Venezuela during 20th Century*, Greenwood, 2004.

WIRTH, John, *Oil Business in Latin America*, Washington, Beard Books, 2001.

YERGIN, Daniel, *The Prize: The Epic Quest for Oil, Money and Power, New York*, Simon & Shuster, 1991.

III.—Hemerográficas:

Baptista, Federico, "Sobre la Perforación y la producción del petróleo", *Revista de la Universidad del Zulia*, Maracaibo, Volumen 3, agosto 1952. p. 33-52.

Barberii, Efraín, "Venezuela y sus técnicos petroleros", Revista Petróleo, Año X (1957), n. 115.

Biblio 3W: Revista Bibliográfica de Geografía y Ciencias Sociales, "Recursos minerales de Venezuela", Universidad de Barcelona, Cataluña, España, N° 110, del 5 de septiembre de 1998, p. 38.

Caraballo L., J. Torrealba y E. Cabrera, Boletín Agrometeorológico Estación El Tigre, El Tigre, Instituto Nacional de Investigaciones Agrícolas, 2002, Volumen 1, p. 16.

Dávila, Luis Ricardo, Modernidad, nación y petróleo en Venezuela. Revista BCV, 2000, número XIV-2, pp. 107-130.

El gas natural en Venezuela : evolución y perspectivas, Jornadas Técnicas de Petróleo, Comisión II, Industrialización del Gas. Caracas, Sociedad Venezolana de Ingenieros de Petróleo, 1977.

Energy map of Latin America, Petroleum Economist Ltd. London, Petroleum Economist Ltd., 2003.

Hedberg, H. D., Geology of the eastern Venezuela basin (Anzoátegui-Monagas-Sucre-eastern Guárico portion), Tulsa, Boletín de la American Geololycal Society, 1950, pp. 1173-1216.

Hedberg, H. D. y A. Pyre, Stratigraphy of northeastern Anzoátegui, Venezuela, Boletín de la American Association of Petroleum Geologist, Tulsa, 1944.

Isea, A., Geologycal syntesis of the Orinoco Oil Belt, Eastern Venezuela. Journal of Petroleum Geology, Tulsa, 1987, p. 139.

Kiser, Exploration Results, Machete Area, Orinoco Oil Belt, Venezuela, Journal of Petroleum Geology, Tulsa, 1987, p. 156.

La Dinámica del petróleo en el progreso de Venezuela, Caracas, Dirección de Cultura, Universidad Central de Venezuela, 1965.

Martínez, Anibal, *The Orinoco Belt, Venezuela*, Londres, Journal of Petroleum Geology, no. 2, 1987.

Maugeri, Leonardo, "Squeezing more oil from the ground" en: Scientific American, New York, Octubre 2009, pp. 36-43.

Megaproyectos, Desarrollo regional y transformación social: el caso de la faja petrolífera del Orinoco, Caracas, Fondo Editorial Acta Científica Venezolana—Consejo de Desarrollo Científico y Humanístico, Universidad Central de Venezuela, 1987.

Nacionalización del petróleo en Venezuela : tesis y documentos fundamentales. Caracas, Ediciones Centauro, 1982.

National Geographic, "I Kept a House in a Jungle and Modern Venezuelan Vignettes", Washington, Volume LXXV, Number 1, January 1939.

Patterson J. M. y J. G. Wilson, Oil fields of Mercedes region, Venezuela, Venezuela, Boletín de la American Association of Petroleum Geologist, Tulsa, 1953, pp. 2705-2733.

Peirson III, A. L., Geology of the Guárico mountain front, Boletín de la Asociación Venezolana de Geología, Minas y Petróleo, Caracas, 1965, p. 183-212.

Petróleo y ecodesarrollo en Venezuela, Caracas, Instituto Latinoamericano de Investigaciones Sociales, 1981.

Revista Analítica, "Convenio de Asociación en la Faja Bituminosa del Orinoco", Caracas, Octubre 1997.

Revista Todo en Domingo, "Orimulsión, el combustible cool", Periódico El Nacional, Caracas, domingo 6 de octubre de 2002, p. 47.

Revista de la Sociedad Venezolana de Ingenieros del Petróleo, Caracas, Diciembre de 1972, p. 27.

Sarasota Herald-Tribune, "Manatee County refuses Orimulsion", Sarasota, Florida, Estados Unidos de América, 12 de junio de 1995, p. A2.

Simpson, Bob, "10 Developments that revolutionized what we do and how we do it" en: *Alberta Venture*, Calgary, Octubre 1997.

Torres de Witt, Alvaro, "Cachipo al amanecer "en: Nosotros-Lagoven, Caracas, diciembre de 1984.

Venezuela y su petróleo: "ciclo de conferencias", Academia de Ciencias Políticas y Sociales, Caracas, octubre-noviembre, 1986.

Venezuela y su Petróleo para 1948, Revista El Farol, Caracas, Enero 1949, pp. 214-216.

IV.—Fuentes en Internet:

British Petroleum: *http://*www.**bp**.com/

Chevron: *http://www.***chevron**.*com*

ConocoPhillips: *http://*www.**conocophillips**.com/

CNPC: *http://*www.**cnpc**.com.cn/eng/

Energy Tribune: *http://*www.**energytribune**.com/

ENI: *http://*www.**eni**.com

ExxonMobil: *http://*www.**exxonmobil**.com

Página de Alexis Caroles:
*http://***notiguanipa**.blogspot.com/

Página del Dr. Gustavo Coronel:
h*ttp://***lasarmasdecoronel**.blogspot.com

Página de Sebastián Navarro:
h*ttp://***energiapetroleoygas**.blogspot.com

PDVSA: *http://*www.**pdvsa**.com

Petronas: *http://*www.**petronas**.com.**my**/

Petrobras: *http://*www.**petrobras**.com

Qatar Petroleum: *http://*www.**qp**.com.qa/

Repsol YPF: *http://*www.**repsol**.com

Saudi Aramco: *http://*www.saudi**aramco**.com/

Schlumberger: *http://*www.**slb**.com

Shell: *http://*www.**shell**.com

Texaco: *http://*www.**texaco**.com

Total: *http://*www.**total**.com